企業会計の基礎理論

第3版

村田 直樹
相川 奈美 ［著］
野口 翔平

同文舘出版

第3版はしがき

　会計は，営利を目的として組織される企業に内在する資本主義的な経済的合理性を，損益計算に転化する用具です。したがって，会計それ自身は，何ら経済的価値を生み出すものではありません。しかし，企業経営において，経済資源の効率的な活用を促すためには，会計による管理・統制が不可欠な要素であるといえます。現代は，会計の基本機能である認識・記録・計算・報告のうち，資本市場との関係で，報告機能が肥大化し，認識および記録・計算といった諸機能に強く影響を与えています。これらの点は，会計の本質が開示であるかのようにみえる原因となっています。しかし，開示は会計にとっては二次的な機能で，会計の本質ではありません。

　財務会計と管理会計に共通する会計の最も基本的な機能は，管理・統制です。現代の企業では，この管理・統制が組織的に，かつ経済状況に対応した形で，行われています。その最大の特徴は，企業を取り巻く経済環境の変化に対応して，計算技法や報告様式を変化させてきたことです。

　本書は，会計学の習得を志す初学者を対象とした，会計の入門書です。通常，会計学を学習する場合，財務会計および管理会計を別個の領域として，それぞれの入門書にしたがって学習を進めていきます。しかし，企業において，両者は相互に補完的で影響しあいながら，一体となって企業の経営管理活動をサポートしています。そこで本書では，できる限り，財務会計と管理会計の関連性の深い項目については，同じ章で解説するよう心がけてあります。また，本書は上述した会計に対する基本的な考え方をベースに構成されています。したがって，第1章において，会計の基礎理論を概説し，第2章以下で，会計の制度的な枠組みと個別の会計概念を説明しています。初学者は，第2章から通読して，最後に第1章に戻るといった方法で本書を読み進めることも可能です。

　本書の構成は以下のようになっています。

　第1章では，企業会計の現代的意義，簿記や財務会計および管理会計に対す

る基本的な考え方，会計制度の基礎概念を概説しています。

第2章では，貸借対照表の構造と機能について説明しています。また，貸借対照表の作成の基礎となる会計の公準についても，その関連において説明を付加しています。

第3章では，会計における利益概念，損益計算書の機能と構造を説明しています。さらに会計的利益との関連で税効果会計を，また，直接原価計算による損益計算書についても概説しています。

第4章では，複式簿記のシステムを，貸借対照表および損益計算書との関連を考慮して解説しています。また，管理会計システムについても，簡単に説明しています。

第5章では，貨幣性資産の概念を説明し，キャッシュフロー計算書の構造と機能を解説しています。また，これらとの関連の深い，管理会計における資金管理についても概説しています。

第6章では，棚卸資産を解説して，損益計算書における売上原価の解説をしています。とくに，製造業における売上原価算定の基礎となる実際原価計算を説明し，原価報告書と損益計算書の関係を明確にしています。

第7章では，有形固定資産について解説しています。固定資産の評価および減価償却を説明します。

第8章では，リース会計について解説しています。リース取引の種類を説明し，またリース物件の借手と貸手の処理についても説明しています。

第9章では，無形固定資産について解説しています。法律上の権利，のれん，ソフトウェアに関する無形固定資産の項目について解説しています。

第10章では，設備投資等の収益性の低下に関する減損会計について解説しています。減損処理の仕方を説明し，現在価値についても解説しています。

第11章では，負債の会計について概説しています。さらに，社債，引当金，退職給付会計，偶発債務など負債の重要項目について説明しています。

第12章では，貸借対照表における純資産の部の項目を説明しています。また，ストック・オプション，株主資本等変動計算書についても概説しています。

第13章では，企業会計の基本となる連結会計について概説しています。連

結決算日，資本連結，損益連結などの項目について説明しています。

第14章では，財務諸表の見方について解説しています。財務諸表分析の基本となる収益性，安定性，成長性などの指標を説明しています。

第15章では，標準原価計算に基づく原価管理について説明しています。標準原価計算における原価差異の分析を概説して上で，その原因の分析と対処法を解説しています。

第16章では，コスト・マネジメントにおける原価維持について説明しています。管理の対象が「製造原価」だけでなく「全社的なコスト」に広がり，その管理方法として考案された原価維持の構造と機能について解説しています。

第17章では，戦略的コスト・マネジメントの管理方法の1つである原価改善について説明しています。原価管理システムが，原価管理およびコスト・マネジメントから，戦略的コスト・マネジメントへの移行していく中で，戦略的コスト・マネジメントでの原価改善の役割を明確にしています。

第18章では，活動基準原価計算の構造と機能について，具体例を挙げて説明しています。また，活動基準原価計算の有用性と限界についても解説しています。

第19章では，原価企画について解説しています。その際，原価企画の意義と役割を説明し，戦略的コスト・マネジメントでの位置づけを明確にしています。

第20章では，戦略的コスト・マネジメントである品質原価計算を概説しています。品質原価計算における PAF アプローチの説明やトレード・オフ概念を説明して，戦略的コスト・マネジメントの基礎概念を明らかにしています。

第21章では，利益計画について説明しています。とくに，短期利益計画の基礎となる費用の固・変分解を説明して，損益分岐点分析の意義を解説しています。

第22章では，企業の経営戦略を具体化する予算について解説しています。企業の予算システム，予算の編成と統制を説明した後，ゼロベース予算，戦略予算編成などの問題についても説明しています。

第23章では，経営意思決定支援の会計について概説しています。特に，業務に関する意思決定を支援する特殊原価調査の意義を解説しています。

第24章では，組織と会計の問題を取り扱っています。内部組織と管理会計について説明した後，内部組織の新たな展開を解説しています。

第25章では，組織再編の会計について説明しています。企業結合会計におけるのれんと非支配株主持分について解説した後，事業分離の会計を解説しています。

本書は以上のような意図と構成で執筆したものでありますが，浅学非才の身にとって，思わぬ誤謬や独善があるかもしれません。これらはすべて著者の責任によるものです。しかし，本書によって企業会計の基本を理解して，さらに個別の会計問題をより詳細に学習することが効果的な会計の学習方法であると考えています。

本書の出版を快く承諾いただいた同文舘出版(株)社長中島治久氏，同社専門書編集部青柳裕之氏のご配慮に感謝の意を表します。とくに，青柳氏には格別のご配慮をいただき，氏の熱意と貴重なアドバイスがなければ本書を上梓することは困難であったと思われます。心から感謝の意を表します。

2021年2月25日

於　神田・三崎町

村田直樹

目　　次

第1章
企業会計の基礎

① 企業の経済活動と会計

　企業は，利益を目的として形成された組織です。会計は，この目的を達成するために，歴史とともにその形態を変化させてきました。現代は，株式会社がその中心です。株式会社の特徴は，資本市場を通じて，莫大な資金を幅広く数多くの人々から調達することが可能で，そのリスクが分散されているところにあります。この株式会社とその資金の提供者である株主の関係は，委託と受託の関係にあります。株主の提供した資金の受託者である企業が，委託者である株主に対して，提供された資金がどのように運用され，どのくらいの成果を上げたかを説明する必要があります。これを**会計責任**（accountability）といいます。この会計責任は会計という行為を通じて果たされます。企業は，与えられた経済的資源を効率よく有効に機能させるために，種々の経済活動を行っています。資金の調達や運用あるいは生産や販売といった企業の諸活動を管理・統制するためには，経済活動による経済的資源の増減を会計によって認識し，測定し，記録し，報告する必要があります。したがって，会計は，会計方法（たとえば，複式簿記など）の基底にある会計理論とそれを構成する会計諸概念（たとえば，資産，負債，資本，収益，費用など）をもって，企業の経済活動を認識する行為であるといえます。

　また，会計は，企業の経済活動を直接的に反映した実務的な事象です。したがって，会計理論とそれを基礎とする会計実務は，その時々の企業からの実務的要請に応えることを目的として，その内容や形式を整備してきました。しかし，会計は単なる計算技術体系にすぎません。いかに会計実務が精緻化されたとしても，それ自体はなにも経済的価値を生み出すわけではありません。ところが資本は自己が効率的に保全・運用される個別経済（企業）を求めて，移転し，集中します。企業において資本を効率的に保全・運用するためには，企業

を構成する資本やその構成部分の転換過程を記録し，計算する必要があるわけです。

2 複式簿記と会計

簿記（book keeping）は，経済単位（企業，政府，公益法人，家計など）が行う経済活動（財貨やサービスの生産およびその供給や購入，金銭の収支や賃貸によって生じる利益や損失など）について，これを金額に換算して，継続的に帳簿に記録するものです。しかし，経済単位の経済活動のすべてが簿記の記録の対象となるわけではなく，経済単位の財産の増減に関わるものを**簿記上の取引**（transaction）と呼び，これを記録の対象としています。簿記による継続的な帳簿記入によって，人間の記憶を補完し，さらに経済活動の物的証拠として，経営の基礎資料となります。また，外部から受け入れた財産を管理するものにとっては，自己の管理責任を明示するための資料となります。

一般に，個人商店や企業などでは，複式簿記という簿記の形態が用いられています。複式簿記は，企業に投下された資本の全体としての価値が，資本の構成部分の価値の総和に等しいという理論（貸借一致の原則）を基礎として，資本およびその構成部分の転換過程を記録することによって，資本の運動を把握する技法です。

簿記の目的は，一般に，備忘録（経済事象の歴史的記録），一定時点の財政状態の把握，一定期間の経営成績の表示であるとされています。したがって，簿記は，日々の個別的な経済事象を記録し，計算して経済事象の全体的な状況および，その期間的成果を総括するものです。簿記の内容は，記帳記録そのものですが，簿記は記録から総括の過程で，労働過程で意識された目的が達成されているかどうかを確認するための計算でもあります。人間の労働は，目的を持っています。人間が労働過程にはいる前に持った目的は，簿記の記録の途中や最終段階で確認されることになります。

この確認は，その目的と結果を比較分析することによって行われますから，簿記は統制計算であるといえます。しかし，簿記が資本家や企業経営者のもとで展開されるときには，この統制計算から簿記は管理的機能を持つことになり

ます。

　簿記と会計の関係は，簿記が計算技術であるのに対して，会計は計算過程およびその結果に対する開示のための報告様式です。会計を形式的にみれば，資本の運動を認識し，測定してその結果を情報利用者に報告する計算体系です。しかし報告・測定の経済的目的は，基本的に資本集中（財務会計）と生産過程を通じての資本蓄積（管理会計）にあるといえます。

3 原価計算

　企業が経済活動を行うために，原材料，労働力，設備，電力などの経済的資源が消費されます。このように企業が特定の経済活動によって特定の目的を達成するために犠牲にされた経済的資源の貨幣的測定額を**原価（cost）**といいます。

　社会経済的にみれば，生産物の価値は以下のように構成されています。

$$W = C + V + m$$
　※W＝生産された商品
　※C＝不変資本の摩損部分
　※V＝賃金・材料費などの可変資本消費部分
　※m＝剰余価値

　このとき，剰余価値（m）は，労働者が自己の労働力の再生産に必要となる社会的かつ平均的必要労働時間を超過する剰余労働時間に対応するものです。したがって，労働者にとっては，自分が支出した労働に対する成果であって，生産された商品の社会的構成要素です。つまり，生産物の原価は，商品そのものの生産に労働者の要費した価値をいうことになります。しかし，企業経営者や資本家にとっては，この剰余価値は生産された商品の社会的な構成要素として認識されません。企業経営者や資本家はこれを自己の経営に対する報酬や資本の利子として把握して，生産された商品の売価構成要素として取り扱います。したがって，現代の原価計算では，剰余価値は生産された商品の原価構成要素から除外され，貨幣の支出だけが原価構成要素の真実な要因として認識される

ことになります。つまり，C＋Vすなわち費用価格をもって商品の生産原価とするところに現代の原価計算の特徴があります。さらにこのような原価計算のもとでは，Cの減価償却などの不変資本の価値移転部分と，Vの賃金および材料費などの可変資本の消費部分との基本的な差異が無視されて，同一視され，その結果として，商品価値は費用価格プラス利益として認識されることになります。つまり，原価は社会的な側面から理解されることはなされず，私的なビジネス・コストとして計算技術的な側面から把握されることになります。

　原価計算（costing）がいつ生成したかについては，数多くの意見があります。紀元前の古代奴隷制社会を起源とするものや，中世イタリアの地中海貿易にその起源を求める意見もあります。また，イギリス産業革命期の産物とするものやイギリス産業資本の確立期を原価計算の生成期とする意見もあります。これらは，原価計算の定義を何に求めるかによって，原価計算の起源に何が基準となるかが違ってくるからです。近代的な意味での原価計算は，原価要素の集計だけでなく，製造間接費の配賦計算が重要な要素となっています。産業革命期の分業による協業と機械化は，生産過程の変化をもたらし，原価の要素別管理，特に製造間接費の配賦が課題となりました。また，この時期の企業財務構造も大きく変化し，簿記と原価計算の融合，すなわち期間損益計算の体系の中に原価計算を組み込むことが課題となりました。これらが，材料費と労務費による原価計算すなわち素価計算から脱却して，実際原価計算の生成とその精緻化の要因となりました。

4 財務会計と管理会計

　一般に，管理会計は，企業の経営者や各階層の管理者に対して，企業の経済活動が一定の成果を上げられるように，経営管理のための資料を提供するものであると説明されています。また，財務会計は，企業の資金の調達と運用を円滑に行うために，分配可能な利益を計算し，財政状態を明らかにして，株主を中心とする利害関係者に財務諸表の開示することを目的としていると説明されます。つまり，管理会計は企業経営者のための内部会計，財務会計は利害関係者のための外部会計という，会計情報の利用者によって管理会計と財務会計の

違いを説明しています。しかし，財務会計によって公表される財務諸表について，最初に報告を受けるのは経営管理者です。経営管理者は次期以降の経営計画を立案する場合，当期の財務諸表をその基礎とします。1991年のアメリカ管理会計士協会の定義では，財務諸表の作成は管理会計の範囲であるとされています。しかし，このような目的論的な定義には，限界があるといえます。

　会計の存立基盤は生産にあります。合理的な生産には，犠牲と成果の比較検討が必要で，この合理的生産によって余剰労働生産物を産出することは，人の生産労働が持つ基本的な性格といえます。合理的で秩序だった生産を管理・統制し，これに関わる犠牲と成果の測定こそが会計を存立させる基本的な要因となるものです。計画として具現化する目標に従って，諸過程が合理的に遂行されるよう管理・統制するため，会計は統制によって規定された記録・計算を行います。会計の歴史を概観すると，会計は，管理・統制と直接的に結びつき，管理のあり方が会計を規定しています。この管理・統制に関する機能が財務会計と管理会計の両者に共通する基本的な機能です。そして，管理・統制と会計の関係を生産諸関係の側面からとらえたものが財務会計であり，この関係を管理の側面からとらえたものが管理会計です。

　現代の企業会計は具体化された資本の運動を測定し，記録し，計算して，情報利用者に報告する計算体系として認識されています。しかし，その測定や報告の経済的で究極的な目的は，利害関係者に対する会計情報の開示や利益配分のための情報提供にあるのではなく，資本を集中させ，これによって市場を拡大し，さらなる資本の蓄積をはかることにあります。財務会計は，資本集中を促進するために展開される会計であり，管理会計は，生産過程を通じて行われる資本蓄積の手段のための情報を提供する会計です。

5 会計政策・会計理論・会計制度

　会計政策とは，会計目的を実現させるための行動に対する指針です。

　会計政策といった場合，一般的には，政策選択の主体を国家あるいは，基準設定機関におき，基準設定機関が一定の社会的要請のもとで，特定の会計基準を選択することをいいます。一方で，政策選択の主体を資本家あるいは経営者

におき，企業が財務諸表の開示にあたって，その経済状況を考慮して選択された，特定の会計基準を意味する場合もあります。両者は後述するように会計制度を通じて密接な関係にあるといえます。

　現代会計理論の特徴は，企業を対象として，主体の具体的要請を意図して展開される所にあります。さらに，この会計理論のもう1つの特徴は会計政策を基盤とする領域を持っていることです。歴史的にみれば，企業の会計政策の理論化の過程が存在します。たとえば，金融資本の立場に立った債権者保護思想の産物である静態論は，20世紀初頭の競争の激化による企業の倒産と慢性的不況の長期化によって，収益力を重視する動態論が登場して，その地位を奪われてしまいます。また，1910年代の非鉄金属工業で，課税対策として実践された棚卸資産の先入先出法による評価実務は，その後1938年の米国歳入法で容認され，会計理論として社会的に承認されています。

　記帳記録の制度化は，1673年のフランス商事王令にはじまります。ここでは，商業の秩序と繁栄を意図して，財産目録の作成と帳簿保持が制度化されています。また，財務諸表の開示という点では，18世紀から19世紀にかけてのイギリス運河および鉄道会社において，株主層が分化し，中小株主から実質的な帳簿閲覧権を奪い，報告という形で支配的な株主から，一般株主への会計的情報の伝達が行われます。株主に対する会計的情報の報告は，それが企業経営者の不正な行為に対してチェック機能を持つことから，株式会社制度を社会的に容認するための担保として制度化されていきました。

　また，19世紀のイギリス鉄道会社では，**複会計制度（double account system）**と呼ばれる公表会計制度が採用されていました。1860年代には，資本と利益の峻別を理論的支柱として，多くの鉄道会社の会計実務としてこの複会計制度が定着していましたが，1868年の鉄道規制法によって鉄道会計の統一会計制度として制度化されることになります。その契機となったのは，恐慌によって金融資本が打撃を受けたことです。20世紀にはいると会計の公表問題は，さらに大きな社会的意味を持つようになります。アメリカ鉄道における会計情報の公開制度を概観すると，グレンジャー運動を押さえ込むために，加工し，操作された会計情報が公開され，制度化されていくことがわかります。このような会計の公開と制度化の在り方が，1930年代の一般企業に伝播していきまし

た。現代では，企業に独占的に集中された会計情報は，その意図を反映して公開されます。そしてこのような**公開**（publicity）の在り方が意思決定有用性という名の下に理論化され，**開示**（disclosure）制度となっていきました。現代の会計では，会計政策の理論化と制度化が同時に進行し，開示が記録，測定，計算といった機能から相対的に独立したものであるかのように機能しているといえます。

6　日本の会計制度

　日本における会計制度は，社会的な会計規範である企業会計原則，企業会計実務を規制する法的規範として会社法による会計規制と金融商品取引法による会計規制，さらに税法会計によって構成されています。社会的な規範である企業会計原則と個別会計基準は，企業が会計を行う場合の指針や判断の範囲を定めたものです。企業における会計の対象は企業の経済活動です。そして会計の主体は企業自身です。したがって，会計の指針や判断は最終的に企業に委ねられています。つまり，企業の開示する会計情報が適正であるかどうかを外部利害関係者が判断できるとは限りません。そこで，資本市場を保護するという名目で，この会計情報に対して信頼性を付与するため，法律によって強制的な開示制度が必要となるわけです。

　会社法会計とは，すべての株式会社と合名会社，合資会社，合同会社などの持分会社を対象として，会社法と会社計算規則によって規制される会計の制度です。会社法の目的は，債権者の保護，現在の株主と債権者の利害調整にあります。株式会社の会計については，一般に公正妥当と認められる企業会計の慣行に従うとされています。また，具体的な会計処理および表示を規定した会社計算規則においても，一般に公正妥当と認められる会計慣行を斟酌すべきであるとされています。なお，会社法および会社計算規則の要求する財務諸表は，貸借対照表，損益計算書，株主資本等変動計算書，個別明細表で，キャッシュフロー計算書は含まれていません。これらの財務諸表は公認会計士もしくは監査法人の監査が必要です。

　金融商品取引法は，有価証券の発行や金融商品の取引を規制の対象としてい

ます。その目的は，投資者の保護にあります。この投資者の保護は，企業の開示制度を介して行われます。金融商品取引法による開示の制度には，有価証券の発行市場と流通市場における規制があります。有価証券の発行市場に対しては，有価証券届出書と有価証券の発行目論見書が開示されます。有価証券届出書に記載される事項は，発行する証券の種類，発行数，発行価格，さらに手取金の使途や財務諸表です。また，有価証券届出書と同じ内容の発行目論見書を投資者に対して交付します。流通市場に対しては，有価証券報告書や四半期報告書が開示されます。有価証券報告書に記載される事項は，企業の概要，事業の状況，設備の状況，さらに財務諸表を含む経理状況です。また3ヶ月ごとの財務状況を報告する四半期報告書が必要となりました。これらの報告書に含まれる財務諸表については，財務諸表等規則，連結財務諸表規則において，一般に公正妥当と認められる企業会計の基準に従うものとされています。

　会社法の目的は債権者保護です。また金融商品取引法の目的は投資者保護です。企業会計に重要な影響のある2つの法律は目的が違います。しかし，日本の現状を考えると，最大の債権者は金融資本であり，また，最大の投資者も金融資本です。両法律の保護する対象は実質的に同じものであると考えられます。なお，金融商品取引法が企業に開示するよう要求している財務諸表，および会社法の要求する計算書類は図表1－1のようになります。

　税法会計の中心は，法人税における課税所得計算です。この課税所得計算は，企業会計における収益に相当する益金から，企業会計における費用に相当する損金を差し引いて計算されます。しかし，税法と企業会計の目的が違うことから，会計上の収益と税法上の益金，また会計上の費用と税法上の損金は一致しません。したがって企業会計における利益と税法上の課税所得も一致しません。企業会計における目的が，企業の経営成績と財政状態に関する情報の提供にあるのに対して，法人税法の目的が納税者間の課税の公平性と簡便性の確保にあるためです。企業会計では，この調整を行うために税効果会計が採用されています（第3章参照）。また法人税法第24条第4項では，企業会計と税法の異なる部分を規定していますが，それ以外の部分については，一般に公正妥当と認められる会計処理の基準に従うこととされています。

　このように，会社法，金融商品取引法，法人税法における会計処理について

図表1−1　会社法と金融商品取引法における財務諸表

金融商品取引法の財務諸表		会社法の計算書類	
個別	連結	個別	連結
貸借対照表	連結貸借対照表	貸借対照表	連結貸借対照表
損益計算書	連結損益計算書	損益計算書	連結損益計算書
キャッシュフロー計算書	連結キャッシュフロー計算書		
株主資本等持分計算書	連結株主資本等変動計算書	株主資本等変動計算書	連結株主資本等変動計算書
		個別注記表	連結注記表
附属明細表	連結附属明細表		
		附属明細書	連結附属明細書
		事業報告	事業報告

は，一般に公正妥当と認められる企業会計の基準に委ねられています。この一般に公正妥当と認められる企業会計の基準の中核となるものが，企業会計原則です。企業会計原則は1949年に企業会計制度対策調査会によって制定されました。その後企業会計審議会に引き継がれ，改正あるいは個別問題の会計基準が設定されています。企業会計原則は，純利益の計算を重視してきました。それは，株主などの利害関係者の主要な関心事が継続企業の収益力にあるため，その指標となる純利益が重要であったためです。そこで，企業会計原則は，取得原価を基礎とする発生主義会計による期間損益計算を重視した，企業会計全般を規制する会計基準となっています。企業会計原則は，企業を取り巻く経済環境の変化に対応するため，修正を行ってきましたが，近年の急激な変化に対して，柔軟な対応をすることが困難になり，1982年以降，修正は行われず，個別の会計問題ごとに会計基準を設定するピースミール方式が採用されるようになってきました。さらに，会計基準の設定機関についても，企業会計審議会から，民間の会計基準設定機関である企業会計基準委員会（ASBJ）とその運営を行う財務会計基準機構に移行しています。企業会計基準委員会の公表する個別の企業会計基準，企業会計基準適用指針および実務対応報告は，金融商品取引法における一般に公正妥当と認められた企業会計の基準に該当するものと解

されています。また，金融庁の企業会計審議会は2009年の中間報告において，国際会計基準を2015−2016年に国内企業に義務づけるという方針を打ち出しましたが，現在は任意に適用することができるとされています。

7 企業会計原則と一般原則

　企業会計原則は一般原則，損益計算書原則，貸借対照表原則，さらにこれらの原則の重要な部分について解説を施した企業会計原則注解および意見書から構成されています。そのうち一般原則は財務諸表作成の基礎となる概念的原則であると位置づけられています。企業会計原則の一般原則は，真実性の原則，正規の簿記の原則，資本取引と損益取引区分の原則，明瞭性の原則，継続性の原則，保守主義の原則，単一性の原則の7つがあります。

　真実性の原則は，企業会計は財政状態および経営成績に関して，真実な報告を提供するものでなければならないとする原則です。真実性の原則における真実は，一般に，相対的な真実であると説明されています。企業会計における真実が絶対的なものではなく，相対的なものとならざるを得ない理由は，会計処理とその基礎となる会計諸概念が，歴史的な所産であることにあります。したがって企業会計における真実は，その時代における企業を取り巻く経済状況を反映し，それを前提とした限りにおいての真実です。また，企業会計の主体は企業であり，その対象は企業の経済活動です。したがって，企業会計における計算の主観性から逃れることはできません。

　正規の簿記の原則は，企業会計はすべての取引につき，正規の簿記の原則に従って，正確な会計帳簿を作成しなければならないという原則です。正規の簿記の要件は，記録の網羅性，記録の立証性，記録の秩序性の3点です。したがって，この3つの要件を満たすものが正規の簿記ということになりますが，現代ではこれらの要件を充足する簿記として複式簿記が想定されています。しかし，組織的かつ体系的な記録が可能であれば，単式簿記も正規の簿記となる可能性があります。

　資本取引と損益取引区分の原則は，資本取引と損益取引とを明瞭に区別し，特に資本剰余金と利益剰余金とを混同してはならないという原則です。資本取

引とは，主に企業と出資者である株主との間での資本の移動によって，企業資本の直接的な増減をもたらす取引をいいます。また，損益取引とは，企業活動による資本の運用の結果として，資本の増減がもたらされる取引です。この原則は，企業会計が，その中心的な課題とする適正な期間損益計算を確保するため，その源泉を異にする資本剰余金と利益剰余金を区別して，資本維持を図ることを要請するものです。

　明瞭性の原則は，企業会計は財務諸表によって，利害関係者に対し必要な会計事実を明瞭に表示し，企業の状況に関する判断を誤らせないようにしなければならないという原則です。明瞭性の原則は，企業の収益性や財務の安全性のために要求されるもので，会計の報告行為に関する包括原則です。具体的には，財務諸表の様式，区分や配列などの共通ルールを定めるとともに，総額主義による表示，会計方針の開示，後発事象の開示，その他の必要な事項の注記，附属明細表などを開示することによって明瞭性を高めると考えられています。総額主義は，貸借対照表における資産と負債の相殺や，損益計算書における収益と費用の相殺を禁止するもので，これによって企業や取引の規模などが明瞭になると解されています。会計方針とは，1つの取引に対して2つ以上の会計処理が容認されている場合，企業が代替的な会計処理方法の中から適正な会計処理方法を選択することです。会計方針を開示することによって，情報利用者が開示された会計数値の根拠を理解することができます。後発事象は，貸借対照表日以後に発生した事象で，次期以降の財政状態や経営成績に重大な影響を及ぼすため，当期の財務諸表に反映することが妥当と思われるものです。したがって，当期の財務諸表に補足情報として注記することが要請されています。

　継続性の原則は，企業会計はその処理原則および手続きを毎期継続して適用し，みだりにこれを変更してはならないという原則です。現行の企業会計では，1つの経済的な事実に対して複数の会計処理方法が認められているため，企業はこれらの処理方法の中から選択が可能です。しかし，むやみに会計方針を変更すると，利益操作の手段となることが否定できず，また財務諸表の期間比較に対しても影響を与えることになります。したがって，継続性の原則は，企業が毎期同一の会計方針を継続的に採用することを要請するものですが，正当な理由による会計方針の変更を容認しています。正当な理由とは，法令等の変更に

より，会計処理の原則および手続きの変更が必要な場合，インフレーションなどの経済状況の著しい変動があった場合，主要営業品目の変更，組織の変更などです。このように変更が認められるのは，企業内外の経済環境の変化に対応して行われる場合であって，変更後の会計処理方法が，一般に公正妥当と認められる会計基準に照らして妥当であり，かつ当該経済事象を当期の財務諸表に適切に反映され，利益操作を目的としないことが前提となります。

　保守主義の原則は，企業の財政に不利な影響を及ぼす可能性がある場合には，これに備えて適当に健全な会計処理をしなければならないとする原則です。企業は経済状況に大きな影響を受け，不確実な状況下で経済活動を行っていますので，慎重な判断に基づく会計処理を行わなければ，財政的な健全性を保つことはできないという実務的な要請を基盤として，保守主義の原則が成り立っています。つまり，保守主義の原則の必要性は，経済の不確実性から生まれるものです。期間損益計算を基軸とする企業会計では，債権の回収可能性や有形固定資産の耐用年数など，多くの将来に対する見積が不可避的に存在します。不確実な将来事象に対する見積は，基本的に絶対的な正確性を確保することはできません。そこで，収益や費用に関して見積られた数値のうち最も保守的な数値を採用し，保守的な損益計算となるように判断することが求められています。

　単一性の原則は，株主総会提出のため，信用目的のため，租税目的のため等々の目的のために異なる形式の財務諸表を作成する必要がある場合，それらの内容は，信頼し得る会計記録に基づいて作成されたものであって，政策の考慮のために事実の真実な表示をゆがめてはならないとする原則です。この原則は，異なる目的に対して異なる形式の財務諸表の作成を容認するものですが，その実質的な内容は同一であることを要請しています。

　これら7原則と呼ばれるもの以外にも財務諸表作成の基礎となる原則があります。企業会計原則の注解1において定められている**重要性の原則**と呼ばれるものです。この原則は，重要性の乏しい項目については，本来の厳密な会計処理によらないで，他の簡便な方法での処理を容認するものです。この原則における重要性の判断基準には，量的重要性と質的重要性があるとされています。量的重要性とは，各勘定科目の金額の大きさのことで，金額の大きいものは重

図表1－2　重要性の原則の適用例

1	消耗品，消耗工具，器具備品，その他の貯蔵品等のうち，重要性の乏しいものについては，その買入時または払出時に費用として処理する方法を採用できます。
2	前払費用，未収収益，未払費用および前受収益のうち，重要性の乏しいものについては，経過勘定項目として処理しない方法を採用することができます。
3	引当金のうち，重要性の乏しいものについては，これを計上しないことができます。
4	棚卸資産の取得原価に含められる引取費用，関税，買入事務費，移管費，保管費等の付随費用のうち重要性の乏しいものは，取得原価に算入しないことができます。
5	分割返済の定めのある長期の債権・債務のうち，期限が1年以内に到来するもので，重要性の乏しいものについては，固定資産又は固定負債として表示することができます。

要性が高いと判断されます。質的重要性とは，勘定科目の性格に起因して，たとえば関係会社との取引や役員に対する債権・債務など相対的な危険性の高いものについては，質的な重要性が高いと判断され量的な重要性が乏しい場合でも，厳密な会計処理が要求されます。つまり，この原則は，計上される勘定の性格や金額の大小から判断して重要性が乏しいと考えられるものについては，厳密な会計処理や表示方法を採用せず，実務における経済性を考慮して，簡便に処理や表示方法が採用されることを容認するものです。なお，企業会計原則の注解1では，重要性の原則の適用例として5つを挙げています（図表1－2）。

　企業会計原則に掲げられているこれらの原則は，企業が会計を行うにあたって守るべきものであるとされていますが，たとえば，一般原則の中核とされる真実性の原則においても，企業会計における真実とは何かを規定するものではなく，これを規定することを放棄して，最終的な判断を企業に委ねています。その他の原則についても同様で，企業の会計政策に柔軟性を与え，これを保証する役割を果たしています。

第2章
貸借対照表

1 企業会計の基本

　企業会計の最も基本的な目的は管理・統制ですが，資本集中のサポートを目的とする財務会計では，会計の認識・測定・伝達という職能のうち，現代では伝達に関わる報告機能が肥大化し，そのために，外部への報告目的によって記録・計算に関わる基本的な論理が影響を受けています。

　図表2－1は，XYZ社の**貸借対照表（Balance Sheet）**です。貸借対照表は，企業における主要な財務諸表の1つで，企業の一定時点における財政状態を表示しています。貸借対照表には，まず，この財務諸表がどこの会社のものか，そしていつの時点のものか，ということが表示されています。つまり，貸借対照表の会計主体とどの時点の財政状態なのか，ということが表示されています。

　会計主体とは，財務諸表を作成する対象となるすべての組織のことです。したがって，企業や個人商店はもちろんのこと，地方公共団体やNPOなども会計主体となります。会計の記録は会計主体のために作成されるのであって，その主体の所有者や経営者あるいは関係者のために記録されるわけではありません。企業会計は，それが個人であろうと法人であろうと資本主から分離独立した1つの実体としての企業それ自体に関わる経済活動の認識・測定・伝達を行います。このような会計の場所的な限定に関する仮定を**企業実体の公準（entity concept）**といいます。

　会計，特に企業会計では，その認識・測定・伝達の機能を通じて，時間的な限定が必要です。企業は解散を前提とすることはなく，永続的に存続して成長することを目標として経営されています。しかし，企業が解散することを待って利益を計算するのでは，会計の持つ機能を果たすことはできません。そこで，会計の計算は人為的に期間を区切って経営成績や財政状態の測定を行うことと

図表2-1　XYZ社　貸借対照表

令和〇5年3月31日現在
単位：万円

資産の部		負債の部	
流動資産		流動負債	
現金及び預金	21,800	支払手形	10,000
受取手形	10,000	買掛金	12,000
貸倒引当金	△400	短期借入金	9,000
受取手形（純額）	9,600	社債（1年以内に償還予定）	8,000
売掛金	15,000	未払金	3,000
貸倒引当金	△600	製品保証引当金	3,000
売掛金（純額）	14,400	流動負債合計	45,000
有価証券	16,000	固定負債	
製品	12,000	社債	40,000
原材料	10,000	長期借入金	20,000
仕掛品	8,000	退職給付引当金	15,000
流動資産合計	91,800	固定負債合計	75,000
固定資産		負債合計	120,000
有形固定資産		純資産の部	
建物	40,000	株主資本	
減価償却累計額	△3,600	資本金	95,000
建物（純額）	36,400	資本剰余金	
機械及び装置	60,000	資本準備金	5,000
減価償却累計額	△16,200	資本剰余金合計	5,000
機械及び装置（純額）	43,800	利益剰余金	
有形資産合計	80,200	利益準備金	10,000
無形固定資産		繰越利益剰余金	12,000
特許権	15,000	利益剰余金合計	22,000
商標権	15,000	自己株式	△6,000
無形固定資産合計	30,000	株主資本合計	116,000
投資その他の資産		評価・換算差額等	
投資有価証券	20,000	その他有価証券評価差額金	4,000
長期貸付金	10,000	評価・換算差額等合計	4,000
投資その他の資産合計	30,000	新株予約権	10,000
繰延資産		純資産合計額	130,000
開発費	18,000		
繰延資産合計	18,000		
資産合計	250,000	負債・純資産合計	250,000

なります。このような時間的な限定に関する仮定を**継続企業（going concern）**の公準といいます。制度会計では通常，１年を会計期間としています。この１年の最後の時点を期末あるいは決算日といいます。イギリスの産業革命期のパートナーシップ企業では，パートナーの交代時期などにともない不定期に財務諸表が作成されていました。しかし，その後，19世紀にはいると初期の株式会社の生成にともない，株式に対する配当の問題が惹起します。当時は株式に対する配当と利子との違いが明確に認識されていたわけではなく，市場利子率との関連などから，年１回の配当が一般的であると考えられました。したがって１年を基準とした会計期間が制度化していきました。現在では，財務情報の迅速性などの観点から，半期決算（６ヶ月間）が一般的です。なお，この半期決算についても，19世紀のイギリス鉄道会社では，株主の要求などにより，すでに制度化されていました。

XYZ社の貸借対照表をみると，掲記されている項目はすべて金額で表示されています。多種多様な財貨に関する記録をつかって，合計や差し引きの計算を行うためには，各項目を共通の尺度で記録しておく必要があります。そこで，この共通尺度として，会計では貨幣額が用いられています。貨幣を測定尺度とすることによって，企業の経済活動の統一的な測定と報告が可能となります。会計の計算に貨幣額を用いるという仮定を**貨幣的評価（monetary measurement）**の公準といいます。また，貨幣を測定尺度として用いるということは，暗黙のうちに貨幣価値の安定を仮定していることになります。共通の測定尺度が変動する場合は絶えず調整の必要があります。しかし，貨幣価値が常に変動することは，一般的に知られています。したがって，貨幣価値の変動を調整する物価変動会計という特殊な会計が用いられた時期もあります。

このような計算技術的問題は，むしろ副次的な問題です。会計が貨幣的評価を基礎とするのは，貨幣資本で企業に投入された資本は生産手段などに使用され，商品の販売によって最終的には貨幣資本で企業に戻ってくることになるからです。会計はこのような資本の運動を観念的に捕縛することによって価値の増殖と実現を測定するのですから，貨幣評価がその基本となるのは，当然のことといえます。

2　貸借対照表の構成要素

　XYZ 社の貸借対照表では，借方（左側）には資産の部，貸方（右側）には負債の部と純資産（資本）の部が表示されています。このような表示の仕方を勘定式といいます。一般に財務諸表の形式には，このような勘定式と報告式があります。報告式は，その計算過程に沿って表示されるもので，たとえば，損益計算書では，はじめに売上高を記載し，順次項目を加減しながら表示していきます。

　貸借対照表の借方には**資産**（assets）が記載されています。資産の項目は現金や設備などの企業が経済活動を行うための経済的資源をあらわしています。資産の定義は社会経済の状況の変化によって変遷してきました。企業の財務安全性が重視される場合には，資産は債務の弁済手段として考えられ，会計の中心的課題が適正な期間損益計算にある場合は，費用・収益による利益計算の過程で，資産の取得原価のうち当期の費用とされなかった部分，つまり将来の収益に賦課される将来費用と考えられてきました。さらに，資産はそれを保有する企業によって利用される経済的資源と考えられ，将来の企業活動の資源として役立つ将来的経済便益の総体とするものもあります。資産の定義には，サービス・ポテンシャルとするものや，将来費用の固まりであるとするものなどがありますが，基本的には，企業に投下された資本の運用形態を示しています。たとえば，XYZ 社の貸借対照表の資産の部にある現金・預金 21,800 万円は，令和○ 5 年 3 月 31 日時点の現金・預金の有高をあらわしています。

　貸方側の**負債**（liabilities）は，企業の経済活動に関連して発生する外部の関係者に対する企業の債務をあらわしています。貸借対照表に掲記される負債には①法律上の確定債務②法律上の条件付債務③会計的債務があります。

　①確定債務とは，債務の履行に関して，期日，相手，金額がすでに確定している債務です。借入金，買掛金，支払手形，社債等です。

　②条件付債務とは，債務履行に関して，期日，相手，金額のうち少なくとも 1 つが確定しているものをいいます。製品販売時の製品保証などがこれにあたります。

③会計的債務とは，法律上の債務ではないが，これと同様に将来のある時点
　で，企業の資産の減少をもたらすことが，現時点で合理的に予想できるも
　のをいいます。修繕引当金などがそれにあたります。

　図表2－1のXYZ社の貸借対照表には流動負債の部に，短期借入金9,000万円
があります。これは，銀行から9,000万円を短期に借り入れたものです。この
場合，銀行は債権者，XYZ社は債務者となります。債権者である銀行は，XYZ
社の負債に計上されている金額に見合うだけの資産に対する債権を持っている
ことになります。つまり，XYZ社は短期借入金に見合う資産を債権者である銀
行に支払うことになるので，この債務は資産と対応していることになります。
ただ，この債務は，特定の資産と対応しているのではなく，資産全体と対応し
ていることになります。

　貸借対照表の貸方のもう1つの項目は，純資産（資本）です。**純資産**とは，
資産総額から負債総額を差し引いた金額です。

純資産の額＝資産総額－負債総額

という式によって算出されます。つまり，資産を定義し，負債を定義した上
で，その差額として定義されます。純資産の部は，株主資本とそれ以外の項目
に大別されます。株主資本は，企業の所有者である株主に帰属する部分で，株
主が払い込んだ資本金と資本剰余金，企業が利益を留保してきた利益剰余金，
自社が発行した株式を取得した自己株式が記載されています。株主資本以外の
項目には，評価・換算差額等と新株予約権があります。また，純資産はその企
業に帰属する部分ですから，持分という考え方から**自己資本**ともいいます。こ
れに対して，負債は**他人資本**といい，負債と純資産を合計したものを総資本と
いいます。

　貸借対照表の貸方総額（負債＋純資産）は，企業に投下される資金の源泉を
表示しています。そして，投下された資金は貸借対照表の借方側である資産に
投入されることになります。つまり，資産の部は，資金の運用形態が表示され
ています。したがって，貸借対照表は，資金の調達と運用を明示していること
になります。図表2－1のXYZ社の貸借対照表をみてもわかるように資産の総
合計と負債・純資産の合計額は一致します。これを**貸借一致の原則**といいます。

この原則は以下のような貸借対照表等式に表示することができます。

資産＝負債＋純資産（資本）

この等式は，会計における記録のすべてに関わるものとなります。

貸借対照表に資産，負債，純資産を記載する場合，それぞれを総額で掲記し，資産の項目と負債の項目あるいは純資産の項目とを相殺して，その差額を記載することはできません。これを**総額主義の原則**といいます。たとえば，同一の取引先に対して，売掛金と買掛金がある場合，これを相殺して残額を売掛金あるいは買掛金として表示することは許されません。このような相殺表示を行うと，債務総額が不明となるだけでなく，貸借対照表借方の資金調達源泉としての他人資本と自己資本の構成割合，あるいはこれと貸借対照表借方の資金の運用形態である資産との関係が歪められてしまうことになります。この総額主義の原則は，損益計算書における収益項目と費用項目にも適用され，収益・費用の直接的な相殺が禁止されています。

図表２－１のXYZ社の貸借対照表の各科目は**流動性配列法**によって配置されています。貸借対照表の配列方法にはこの他に**固定性配列法**という方法があります。流動性配列法は，流動的なものから固定的なものへと順次配列していく方法です。資産は，流動資産から固定資産へと配列し，流動性資産は，換金性の高いものから順に記載します。負債についても，流動負債から固定負債と配列して記載していきます。

（借方）流動資産→固定資産→繰延資産
（貸方）流動負債→固定負債……→純資産

固定性配列法は，固定的なものから流動的なものへと順次配列して記載する方法です。資産は固定資産から流動資産へ配列し，負債は固定負債から流動負債へと流動性配列法とは反対に配列し記載します。繰延資産は，流動性配列法でも固定性配列法でも資産の最後に記載します。純資産については，どちらの場合も負債の後に記載します。

（借方）固定資産→流動資産→繰延資産
（貸方）固定負債→流動負債……▶純資産

　一般に企業会計では，流動性配列法が採用されています。しかし，資本の有機的構成の高度化した電力会社などでは，例外的に固定性配列法が採用されています。

　資産および負債の流動・固定区分の基準として，**営業循環基準**および**1年基準**があります。営業循環基準とは，原材料の購入から販売による最終的な現金化までの企業の通常の営業循環過程に位置づけられ，資産および負債を流動資産および流動負債とする基準です。1年基準とは，回収ないし支払の期限が貸借対照表日後，1年以内に到来するものを流動資産および流動負債として，それ以外のものを固定資産または固定負債とする基準です。企業会計原則では，資産および負債の流動・固定分類の基準について，まず，営業循環基準を適用して通常の営業循環過程にある項目を流動資産または流動負債とし，営業循環過程外にある項目に対して1年基準を適用して，流動資産と固定資産，流動負債と固定負債の分類を行うこととしています。

　貸借対照表の様式について，歴史的に概観すると，それぞれの項目の分類は，管理・統制上の違いや組織の問題と深く関わっていることがわかります。勘定は組織に従います。また，管理方法の違いや統制方法の違いが貸借対照表の様式に影響を与えています。たとえば，19世紀のイギリス鉄道会社における複会計制度では，貸借対照表は，固定部分である資本勘定と流動部分である一般貸借対照表に分けられて，それぞれ別の財務諸表で公示されています。さらに，現在の損益計算書にあたる収益勘定が公示されています。資本勘定と収益勘定は，それぞれ財務部門と営業部門を投影したもので，一般貸借対照表には，両勘定の残高（資本勘定残高は運転資本）を含む，各勘定の残高が転記されています。当時の鉄道会計は，現金主義を採用していましたので，一般貸借対照表は，流動資産と流動負債を掲記しています。

第3章
損益計算書

① 企業会計と利益

　企業会計によって作成される財務諸表は，まず，企業経営者によって次期以降の経営計画立案の資料として利用されますが，同時に，主に資本調達目的のために外部の利害関係者に対して公開されます。利害関係者はそれぞれの目的意識に従って財務諸表を利用しますが，経営者や外部の利害関係者が最も関心を寄せる事項は，企業の目標達成度です。企業は利益の獲得を目的として形成される組織ですから，その目標達成度を示す最も重要な指標は利益です。また，企業の経営成果である利益は，基本的に企業の出資者である株主に帰属すると考えられます。企業会計の第1義的な目的が利益計算であるとされるのは，このような理由からです。

　したがって，企業会計における利益は2つの重要な性格を有していると考えられます。第1に企業の経済活動の効率性を示す尺度としての利益です。企業活動の効率性の尺度としては，ROE（株主資本利益率）やROA（総資産利益率）等がありますが，これらは利益額を基本とする指標です。その理由は，企業会計における利益が一会計期間の企業活動の成果であり，企業は，この成果である利益の獲得を目指して経済活動を行っているからです。第2の会計における利益の重要な性格は，利益は企業の所有者である株主に帰属し，株主に分配されるべきものであるということです。近代的な株式会社の原点である19世紀のイギリス鉄道会社のLiverpool and Manchester鉄道の第1回株主総会において，利益をすべて株主に配当したという記録が残っています。利益額が確定すると，この利益額は配当等として処分されます。基本的に利益は投下された資本を上回る剰余として計算されるので，利益の処分が当該企業の財産に影響しないと考えられることになります。これを利益の分配可能性といいます。

　利益計算のことを会計では，一般的に**損益計算**といいます。この損益計算の

方法には通常，**損益法**と**財産法**があります。

損益法とは，フロー概念を基礎として，一会計期間の損益を計算します。企業の純資産の増加原因を示す収益から，企業の純資産の減少原因を示す費用を差し引くことによって計算されます。その結果利益の増加原因が明確となり，その原因分析が可能となります。損益法による損益計算は以下の式であらわすことができます。

期間収益－期間費用＝期間損益

財産法は，ストック概念を基礎として，一会計期間の損益を計算します。期末の純資産額から期首の純資産額を差し引くことによって損益を計算します。このように，一会計期間の純資産増加額を計算することによって，純資産の実際有高に裏づけられた損益計算が可能となります。財産法による損益計算は以下の式で示すことができます。

期末純資産額－期首純資産額＝期間損益

なお，企業会計原則では，「損益計算は，企業の経営成績を明らかにするため，一会計期間に属するすべての収益とこれに対応するすべての費用を記録して経常利益を表示し，これに特別損益に属する項目を加減して当期利益を表示しなければならない」（損益計算書原則の一）として，損益法による損益計算を規定しています。

2 損益計算書の構成

損益計算書（Profit and Loss Statement）は，一定期間の収益から費用を差し引いて，期間損益を計算することによって，当該期間の経営成績を表示する計算書です。つまり，一定期間に企業がどれだけ儲けたか，またどのようにして儲けたかを明らかにする計算書です。

ここで，**収益**とは，製品および商品の販売やサービスの提供などによって得た経済価値の増加をいい，具体的には売上高などのことです。**費用**とは，収益を獲得するために犠牲となった経済的価値のことで，売上原価や販売費および

一般管理費などがこれにあたります。

　図表 3 － 1 は，XYZ 社の損益計算書（簡略式）を示しています。貸借対照表では，一定時点の財政状態を示すため，その作成日が表記されていましたが，損益計算書は，企業の経営成績を表示するフロー計算書であるため，期間が明示されています。XYZ 社の損益計算書では，令和○ 4 年 4 月 1 日から令和○ 5 年 3 月 31 日までの会計期間のものであることが明記されています。損益計算書は，**営業損益計算**，**経常損益計算**，**純損益計算**に分けられ，段階的に当期純利益を計算しています。それぞれの区分は，相互独立したものではなく，前区分で計算された損益を次区分が継承して，最終的な当期純利益が計算されています。

　営業損益計算では，企業の主たる営業活動から生じる**営業利益**の計算を行います。まず，当該会計期間に属する売上高から売上原価を控除して売上総利益を計算します。売上高は，商品，製品，サービス等の提供による販売高で，売上原価は販売した商品などの仕入原価，販売した製品の製造原価などです。図表 3 － 1 の XYZ 社損益計算書では，売上総利益は 220,000 万円となっています。この売上総利益から販売費および一般管理費を控除して営業利益を計算します。販売費には，販売員給料，発送費，広告宣伝費，保管費，貸倒償却費などがあります。また，一般管理費には，給料，通信費，減価償却費，修繕費，保険料，支払家賃，消耗品費，雑費などがあります。販売費および一般管理費は，営業利益を獲得するためには不可欠なものではありますが，収益である売上高に対して個別的な対応関係を持たないので，期間的対応概念によって認識され計上されます。図表 3 － 1 の XYZ 社損益計算書では，営業利益 40,000 万円が表示されています。

　経常損益計算では，営業利益に営業外収益を加算し，営業外費用を減算して**経常利益**を計算します。図表 3 － 1 の XYZ 社損益計算書では，経常利益 30,000 万円が表示されています。営業外収益および営業外費用は，主に企業の資金調達とその運用に関する財務活動によって生じるものです。つまり，企業の営業活動以外から生じる収益と費用です。営業外収益は，受取利息，有価証券利息，受取配当金，有価証券売却益，仕入割引などです。また営業外費用は，支払利息，割引料，社債利息，社債発行費償却，有価証券売却損，売上割引などです。

図表3-1 XYZ社 損益計算書

自令和○4年4月1日 至令和○5年3月31日
単位:万円

売上高	500,000
売上原価	
製品期首棚卸高	22,000
当期製品製造原価	270,000
合計	292,000
製品期末棚卸高	12,000
製品売上原価	280,000
売上総利益	220,000
販売費および一般管理費	
販売手数料	28,000
発送費	32,000
保管費	15,000
給料	45,000
減価償却費	9,000
修繕費	51,000
販売費及び一般管理費合計	180,000
営業利益	40,000
営業外収益	
受取利息	2,000
有価証券利息	3,000
受取配当金	5,000
営業外収益合計	10,000
営業外費用	
支払利息	9,000
社債利息	8,000
社債発行費償却	3,000
営業外費用合計	20,000
経常利益	30,000
特別利益	
前期損益修正益	1,000
固定資産売却益	9,000
特別利益合計	10,000
特別損失	
減損損失	5,000
災害による損失	15,000
特別損失合計	20,000
税引前当期純利益	20,000
法人税等	2,000
法人税等調整額	1,000
当期純利益	17,000

営業外収益および営業外費用項目は，主として金融収益および金融費用ですが，不動産の賃貸などの付帯事業の損益も含まれます。

　経常利益に特別利益を加算し，特別損失を減算して**税引前当期純利益**を計算します。図表3－1のXYZ社損益計算書では，税引前当期純利益 20,000 万円が計上されています。特別利益および特別損失は，経常的でなく臨時的に発生する臨時損益（固定資産売却損益，投資有価証券売却損益，減損損失，火災損失など）と前期損益修正（過年度における引当金の過不足額，過年度における減価償却の過不足額，過年度における棚卸資産の修正額，過年度における償却済債権の取立額など）があります。さらに税引前当期純利益から当期の負担に属する法人税額，住民税額および事業税額を控除し，税効果会計適用による法人税等調整額を控除して当期純利益を表示します。図表3－1のXYZ社損益計算書では，**当期純利益**として 17,000 万円が表示されています。

❸ 費用収益対応の原則と発生主義会計

　損益計算書は，企業の経済活動における努力である費用とその成果である収益を合理的に対応させることによって，結果としての利益を明示することを使命としています。したがって，一会計期間の費用と収益が同一期間の努力と成果の関係を満たすことによって，適正な期間損益計算が可能となります。つまり，発生した費用のすべてが期間の収益から差し引かれるわけではなく，当該収益と対応する費用が差し引かれ，次期以降の収益に対応する費用は資産として次期以降に繰り延べられることになります。これを**費用収益対応の原則**といいます。費用と収益の対応形態には，商品や製品などを媒介とした収益と費用の因果関係を確認できる対応関係を示す個別的対応と，会計期間を媒介としてその因果関係が間接的に認識される期間的対応があります。

　企業が適切に期間損益計算を行うためには，各期間の収益と費用を適正に認識する必要があります。現代の企業会計では，収益と費用の認識基準として**発生主義**という基準が用いられます。**発生主義会計**とは，現金の収支に関係なく，経済的価値の増殖事実あるいは費消事実に基づいて収益と費用を認識する会計です。これに対して，現金の収支に基づいて収益および費用を認識する会計を

現金主義会計といいます。たとえば，前払家賃や前払利息は，現金主義会計では，その受け払い時に期間の費用として計上しますが，発生主義会計では，期間の損益計算から除外されます。反対に，未収利息や未払手数料は，現金主義会計では，その受け払いが行われるまでは費用として計上されないのに対して，発生主義会計では期間の費用として計上することになります。

　現金主義会計は，収益は現金の収入時に，費用は現金の支出時に認識されます。この収支差額が損益となり，損益計算の確実性は担保されますが，信用取引や固定設備の存在を前提とすると費用および収益の発生と現金収支との間に時間的なズレが生じ，期間損益計算の合理性が損なわれる可能性があります。これに対して発生主義会計は，経営努力とその成果が会計期間内の損益計算に反映されるため，企業の会計期間の業績をはかる尺度として有効性があります。

　しかし，発生主義会計を収益の認識に適用した場合，不確実な収益を計上する可能性があります。たとえば，通常の販売に関しては，収益の客観性が確保されるため，商品やサービスが実際に市場で取引されるまで，収益を計上されず，実現した収益だけが計上されることになります。このような方法を**実現主義会計**といいます。一会計期間に実現したすべての収益とその収益獲得のために発生したすべての費用を対応させる考え方として，費用収益対応の原則が重要なものとなります。費用収益対応の原則は，期間損益を算定するために発生主義と実現主義を結びつける役割を果たしているといえます。

④ 税効果会計

　図表3－1のXYZ社損益計算書では，法人税等調整額1,000万円が計上されています。これは，XYZ社が**税効果会計**を適用しているためです。損益計算書の税引前当期純利益は，企業の経済活動の最終的な成果を示しています。この税引前当期純利益から法人税，住民税および事業税（以下，法人税等。なお，固定資産税や不動産取得税は支払時に費用処理するか取得原価に含め減価償却などにより費用処理し，消費税は売上や仕入の際に仮勘定によって処理されるので，税効果会計の対象にはなりません）を控除して当期純利益を計算します。

　法人税等は，基本的に企業の最終的な成果に基づいて負担する税金ですが，法人税等は，税法のルールに従って計算された課税所得に基づいて計算されます。企業会計と税法では，それぞれの目的が異なるため，収益（法人税では益金）と費用（法人税では損金）を計上するルールが異なっています。したがって，税法による課税所得と税引前当期純利益は一致しません（図表3－2）。このような差異が生じると，税引前当期純利益と対応していない法人税等が計上され，当期純利益が適正な経営成績を示しているとはいえないことになります。そこで，税引前当期純利益と法人税等を合理的に対応させることを目的として，法人税等の金額を調整するシステムを税効果会計といいます。

　図表3－3は，税効果会計の仕組みを簡単に説明したものです。X社の前期および今期の収益は両期ともに6,000円，費用は4,000円，税引前当期純利益は2,000円でした。前期の費用の中には貸倒償却500円が含まれています。この貸倒償却は前期では，税法上の損金として認められていませんでしたが，今期になって，税法上の損金として認められました。前期，今期とも法人税率は40%でした。

　税効果会計を適用しない場合には，前期では法人税等の金額が会計上負担すべき金額より多くなっています。しかし，今期は，法人税等の金額が会計上負

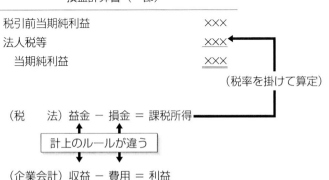

図表3－2　利益と課税所得の関係

損益計算書（一部）

税引前当期純利益	×××
法人税等	×××
当期純利益	×××

（税率を掛けて算定）

（税　　法）益金 － 損金 ＝ 課税所得

計上のルールが違う

（企業会計）収益 － 費用 ＝ 利益

X社損益計算書（一部）

	前期	今期
収　　　益	6,000	6,000
費　　　用	4,000	4,000
税引前当期純利益	2,000	2,000
法　人　税　等	△1,000	△600
当　期　純　利　益	1,000	1,400

（会計上負担すべき法人税等）2,000×40％＝800
（実際の法人税等）前期　　（2,000＋500）×40％＝1,000
　　　　　　　　　今期　　（2,000－500）×40％＝　600

【税効果会計の場合】

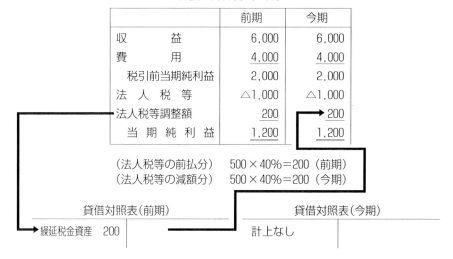

X社損益計算書（一部）

	前期	今期
収　　　益	6,000	6,000
費　　　用	4,000	4,000
税引前当期純利益	2,000	2,000
法　人　税　等	△1,000	△1,000
法人税等調整額	200	200
当　期　純　利　益	1,200	1,200

（法人税等の前払分）　500×40％＝200（前期）
（法人税等の減額分）　500×40％＝200（今期）

貸借対照表（前期）　　　　　　　　　　貸借対照表（今期）

繰延税金資産　200　　　　　　　　　　計上なし

担すべき金額より少なくなっています。つまり，両期とも税引前当期純利益の金額は同じであるにも関わらず，当期純利益は異なることになります。この結果，企業の経営成績表示に問題が生じ，同業他社との業績比較や X 社の時系列的な業績比較が困難になる可能性があります。

　損金として認められなかった貸倒償却分は，企業会計と税法の計上時期の違いによって生じたものです。税法では，貸倒償却が損金として認められると，その分だけ課税所得を減額して課税所得計算が行われます。つまり，会計における利益と税法における課税所得の差異が解消された時点では，本来負担すべき税金よりも税金支払額は少なくなります。そこで，税効果会計では，実際に支払う税金のうち将来減額する税金分を前払として取り扱うことになります。その結果，損益計算書では，前期における税金の前払い分だけ法人税を減額し，今期では，法人税の相当額分を増額します。これらの処理によって，税引前当期純利益と法人税等が対応した金額になります。この法人税等の前払額は，損益計算書に**法人税等調整額**として計上し，貸借対照表には，**繰延税金資産**という科目で計上します。繰延税金資産の計上によって，税金の前払分だけ利益が増額し，それと同額の資産も増加します。その結果として，表示の上では，税金負担の増加による利益額の減少が緩和され，また，自己資本の強化にもつながります。

　繰延税金資産の資産性の根拠は，一般に将来において法人税等の支払額を減らす効果があるからと説明されています。この効果を**回収可能性**といいます。繰延税金資産を計上する場合，この回収可能性を十分検討する必要があります。将来にわたって利益が見込めない状況のときは，法人税等も発生しないので，法人税等の支払額を減らすことはできません。このような場合，回収可能性はないと考えられますので，繰延税金資産を計上することはできません。繰延税金資産の回収可能性は，将来の企業の状況に依存しています。実際には，将来の業績を確実に予想することは困難なため，過去の業績や含み資産の売却による利益の確保などを基礎として回収可能性の有無が検討されます。

5 包括利益

　アメリカの会計基準では，当期純利益の表示後に包括利益計算書を作成することとしています（図表3－4）。**包括利益**とは，一定期間の純資産の変動額のうち，株主，子会社の少数株主，および将来に株主もしくは少数株主となるオプションを所有する者との直接的な取引によらない部分をいいます。具体的には，純利益にその他の包括利益を加減したものをいいます。その他の包括利益とは，評価・換算差額等，繰延ヘッジ損益，為替換算調整勘定などです。現在の日本の会計制度では，包括利益の表示を義務づけてはいませんが，「会社計算規則」では，損益計算書に包括利益に関する事項を表示することができるとしています。

図表3－4　包括利益計算書（簡略様式）

（単位：百万円）

当期純利益		540
その他の包括利益		
その他有価証券評価差額	200	
繰延ヘッジ損益	△50	
為替換算調整勘定	120	270
包括利益		810

6 直接原価計算による損益計算書

　直接原価計算は，原価要素を**変動費**と**固定費**に分解して，このうち変動費だけを製品の原価として集計し，固定費は全額，当該会計期間の費用として処理する方法です。変動費とは，生産量や売上高の変動にともなって，その発生総額が比例的に増減する原価要素をいいます。たとえば，直接材料費などです。固定費とは，生産量や売上高の変動に関わりなく，1期間の発生総額が一定し

図表 3 － 5　直接原価計算による損益計算書

損益計算書（一部）
令和○ 4 年 4 月 1 日から令和○ 5 年 3 月 31 日まで

```
Ⅰ売上高                          ×××
Ⅱ変動売上原価                    ×××
   変動製造マージン               ×××
Ⅲ変動販売費                      ×××
   限界利益                       ×××
Ⅳ固定製造間接費          ×××
   固定販売費および一般管理費  ×××  ×××
   営業利益              ×××
```

ている原価要素をいいます。たとえば，減価償却費，賃借料などです。直接原価計算は，売上高の増減にともなって，原価や利益がどのように増減するかを明らかにするものなので，利益計画の資料となります（直接原価計算と利益計画の関係については第 21 章参照）。

　直接原価計算による損益計算では，販売費および一般管理費についても，変動販売費と固定販売費および一般管理費に分解し，固定販売費および一般管理費については全額，当該会計期間の費用として処理します（図表 3 － 5）。

　アメリカでは，直接原価計算による損益計算書が管理目的で作成される場合が多く，アメリカ企業が日本企業を買収する場合，日本の企業に対して，直接原価計算による損益計算書の提出を求めることもあります。

　直接原価計算による損益計算は以下のような手順で行います。

（ア）原価を変動費と固定費に分解し，仕掛品および製品の原価を変動費だけで計算する。固定製造間接費と固定販売費および一般管理費は，全額を当該会計期間の費用とする。

（イ）売上高から，変動費だけで計算した売上原価である変動売上原価を差し引いて，変動製造マージンを計算する。

　　売上原価−変動売上原価＝変動製造マージン

（ウ）変動製造マージンから，変動販売費を差し引いて限界利益（貢献利益）
　　を計算する。

　　　変動製造マージン－変動販売費＝限界利益

（エ）限界利益から，当該会計期間に発生したすべての固定費を差し引いて
　　営業利益を計算する。

　　　限界利益－固定費＝営業利益

第4章
企業会計システム

 ## 複式簿記

　企業は，自身の経済活動を会計によって記録し，財務諸表を作成して次期の経営計画の基礎資料を作成します。また，作成された財務諸表は，公開を通じて，外部利害関係者の調整に活用されます。このような会計記録は，簿記というシステムによって記録されます。簿記は，企業，家計，政府などの経済単位が行う経済活動について，これを金額に換算して，継続的に帳簿に記入する技法です。継続的な帳簿記入をすることによって，人間の記憶を補完し，経済活動の物的な証拠として経営の基礎資料となります。さらに，簿記は企業の合理的な経営管理を行うために，過去の成績や現在の財政状態を把握することによって，将来の経営方針決定のための基礎資料として活用されます。また，社会的な制度によって，利害関係者に対して一定期間の経営成績や一定時点の財政状態を報告しなければならない時は，その基礎資料となります。

　一般に，企業会計では，**複式簿記**という簿記システムが採用されています。複式簿記は，投下された資本の全体としての価値が，資本の構成部分の価値の総和に等しいという理論を基礎として，資本およびその各構成部分の転換過程を記録することによって，資本の運動を把握する技法です。複式簿記では，企業の経済活動の継続的な記録を行うにあたって，活動内容を金額に換算して，記録・計算・整理を行います。そのため，企業の経済活動を資産，負債，資本，収益，費用の5つの要素に分類して記録します。

　複式簿記では，この5つの要素に増減変化をもたらす事柄を取引といいます。したがって，**簿記上の取引**は一般の取引とは多少の相違があります。たとえば，盗難や災害による現金や商品の減少は，一般的な意味での取引ではありませんが，結果的に資産の減少をもたらすことになるので，簿記上の取引となります。簿記上の取引を記録する場合，それぞれの要素をさらに細かく分類して，勘定

口座を設けて記録します。**勘定**とは，複式簿記で記録・計算するための固有の単位で，細かく分類された勘定につけられた名称を勘定科目といいます。たとえば，資産の項目である売掛金について，以下のようなＴ字型の口座を設け，売掛金勘定を記録します。

Ｔ型勘定は，向かって左側を借方，右側を貸方と呼び，この借方と貸方について以下のルールに従って取引を記録します（**図表４－１，４－２**）。

図表４－１　勘定記入のルール（1）	
1	1つの取引について，2つ以上の勘定に記入する。
2	1つの取引について，借方合計金額と貸方合計金額は一致する。

図表４－２　勘定記入のルール（2）	
資産の勘定	増加を借方に，減少を貸方に記入する。
負債の勘定	増加を貸方に，減少を借方に記入する。
資本の勘定	増加を貸方に，減少を借方に記入する。
収益の勘定	発生を貸方に記入する。
費用の勘定	発生を借方に記入する。

資　　産		収　　益	
増　加	減　少		発　生

負　　債		費　　用	
減　少	増　加	発　生	

資　　本	
減　少	増　加

　たとえば，銀行から現金 100,000 円を借り入れたという取引の場合，以下のようになります。

現金（資産）の増加→現金勘定借方に 100,000 円を記入
借入金（負債）の増加→借入金勘定貸方に 100,000 円を記入

　このような勘定をまとめた帳簿を**元帳（総勘定元帳）**といいます。しかし，簿記は備忘録としての機能が求められていますので，実務では，取引を直接元帳の勘定に記入するのではなく，仕訳を行って，取引の発生順に記載する仕訳帳に記入します。仕訳とは，企業の経済行為が簿記上の取引であるかどうかを判断して，金額を確定して要素に分類し，勘定科目を決定する手続きです。したがって日常的な記帳業務は図表 4 － 3 のようになります。

図表4－3　記帳の手順

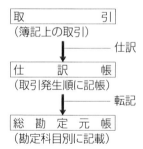

　これらの手順について，簡単な例を以下に示します。

Y 社の一連の取引

①現金 1,000,000 円を元入れして営業を開始した。

②店舗用の備品 250,000 円を購入して，代金を現金で支払った。

③商品 250,000 円を仕入れ，代金は掛けとした。

④商品 195,000 円を売上げ，代金は掛けとした。

⑤商品 500,000 円を仕入れ，代金は掛けとした。

⑥商品 260,000 円を売上げ，代金を現金で受け取った。

⑦売掛金のうち 95,000 円を現金で回収した。

⑧買掛金のうち 250,000 円を現金で支払った。

⑨広告料 50,000 円を現金で支払った。

⑩従業員の給料 150,000 円を現金で支払った。

上記取引の Y 社仕訳

①	（借方）	現金	1,000,000	（貸方）	資本金	1,000,000
②	（借方）	備品	250,000	（貸方）	現金	250,000
③	（借方）	仕入	250,000	（貸方）	買掛金	250,000
④	（借方）	売掛金	195,000	（貸方）	売上	195,000
⑤	（借方）	仕入	500,000	（貸方）	買掛金	500,000
⑥	（借方）	現金	260,000	（貸方）	売上	260,000
⑦	（借方）	現金	95,000	（貸方）	売掛金	95,000
⑧	（借方）	買掛金	250,000	（貸方）	現金	250,000
⑨	（借方）	広告料	50,000	（貸方）	現金	50,000
⑩	（借方）	給料	150,000	（貸方）	現金	150,000

Y社総勘定元帳

現　　金　　　　　1

①	1,000,000	②	250,000
⑥	260,000	⑧	250,000
⑦	95,000	⑨	50,000
		⑩	150,000

売　掛　金　　　　2

④	195,000	⑦	95,000

備　　品　　　　　3

②	250,000		

買　掛　金　　　　4

⑧	250,000	③	250,000
		⑤	500,000

資 本 金		5
	① 1,000,000	

売 上		6
	④ 195,000	
	⑥ 260,000	

仕 入		7
③ 250,000		
⑤ 500,000		

給 料		8
⑩ 150,000		

広 告 料		9
⑨ 50,000		

2 決算

　企業はその経営努力によって利益を獲得することで成長し，事業を継続することができます。しかし資金の提供者である株主や債権者に対して，企業活動の成果を報告し，将来の経営戦略に対する意思決定を行うためには，継続する企業活動を人為的に区切って，一定期間ごとに企業の業績を把握する必要があります。そこで，会計期間の末に**決算**という手続きが必要になります。決算手続きとは，期末の決算日に仕訳帳や総勘定元帳を締め切って，財務諸表を作成する一連の手続きをいいます。

　決算は，総勘定元帳の勘定残高に基づいて，**試算表**を作成することからはじまります。Y社の総勘定元帳例をもとに，残高試算表を作成すれば，**図表4-4**のようになります。

　決算日の資産・負債・資本の勘定残高が期末の実際有高を正しく表示していない場合があります。また，収益と費用の勘定残高が当期の費用と収益の金額を正しく表示していない場合があります。そこで，決算の時に勘定残高を正しい金額に修正する必要があります。この修正手続きを**決算整理**といい，その項

残　高　試　算　表
令和○年×月△日

借　　　　方	元丁	勘　定　科　目	貸　　　　方
655,000	1	現　　　　　金	
100,000	2	売　　掛　　金	
250,000	3	備　　　　　品	
	4	買　　掛　　金	500,000
	5	資　　本　　金	1,000,000
	6	売　　　　　上	455,000
750,000	7	仕　　　　　入	
150,000	8	給　　　　　料	
50,000	9	広　　告　　料	
1,955,000			1,955,000

目を決算整理事項といいます。主な決算整理事項には以下のようなものがあります。

　①売上原価の計算

　②貸倒れの見積

　③固定資産の減価償却

　④現金過不足の整理

　⑤引出金の整理

　⑥有価証券の評価

　⑦費用，収益の見越し，繰延べ

　試算表から決算整理を通して，**精算表**が作成され，精算表から貸借対照表と損益計算書が作成されます。決算整理では，たとえば固定資産の減価償却のように，いくつかの会計処理の選択が可能なものや，貸倒れの見積のように見積計算が行われる場合，企業の会計政策が反映されることになります。つまり，総勘定元帳の勘定残高から1つの利益が導き出されるのではなく，会計処理の

選択や見積計算の仕方によって，財務諸表に表示される利益は違ってくるということです。

このようにして作成された財務諸表は，財務諸表分析などが行われ，次期の経営計画や経営管理のための基礎資料となります。

❸ 管理会計システム

企業会計は具体化された資本の運動を測定し，記録し，計算して，情報利用者に報告する計算体系として認識されています。しかし，その測定や報告の経済的で究極的な目的は，利害関係者に対する会計情報の公開や利益分配のための情報提供にあるのではなく，資本を集中させ，これによって市場での支配を拡大し，さらなる資本蓄積をはかることにあります。そこで，この2つの側面に対応した経済的情報を提供する会計システムが企業の中に構築されています。前者を**財務会計**，後者を**管理会計**といいます。管理会計のベースとなるものは，原価計算によるコスト情報と簿記によって作成された財務諸表です。原価計算の手続きについては第6章を参照してください。

管理会計では，資本の収益力が最も重視されます。したがって，**資本利益率**を基準とした経済性を問題とします。その結果，管理会計は，実績の評価ばかりでなく，計画の策定にも関連するため，過去の実績だけでなく将来の予定も重視されます。

資本利益率＝利益÷資本

企業の経営者の作成する経営計画や経営戦略は，経営者や管理者の思いつきで作成されるのではなく，科学的に決定されます。さらに，その実行に際しては，一定の時間ごとに計画とその実績が比較され，その差異が分析されて，経営者や管理者によって，将来の経営行動の見直しがなされます。そこで，管理会計は，経営者の意思決定を支援するための計画機能と，計画から実行そして実績評価という一連の流れをとらえるための統制機能によって構成されています。

第5章
貨幣性資産とキャッシュフロー計算書

貨幣性資産

　資産のうち，貨幣のように支払手段として役立つ資産で，現金・預金および短期間に現金化する受取手形や売掛金などを**貨幣性資産**といいます。これに対して，販売や使用または消費によって資産から費用に転化していく資産で，商品・製品，建物や備品などを**費用性資産**といいます。貸借対照表では，資産は，流動資産，固定資産，繰延資産に分類されています。このうち，流動資産は，さらに当座資産（短期の支払手段として役立ち，現金および短期に現金化できる資産），棚卸資産（販売または消費する目的で所有する，棚卸によって有高を確定する資産），その他の流動性資産（当座資産および棚卸資産以外の流動資産）に分類されます（図表5－1）。

　受取手形と売掛金を売上債権といい，これらは貸倒れの危険があるので，その評価は，貸倒引当金を差し引いた金額となります。また，流動資産として処理される有価証券の評価方法は**図表5－2**のようになります。

　このうち，売買目的有価証券以外は，時価または市場価格のない株式の実質価額が取得原価あるいは帳簿価額よりも著しく下落し，回復の見込みのない場

図表5－1　当座資産の項目

現金·預金	現金には，通貨の他，他人振り出しの小切手・期限到来の公社債の利札・郵便為替証書などが含まれる。
受取手形	取引先との営業取引によって生じた手形債権。
売掛金	商品や製品などの売上代金の未回収分。
有価証券	有価証券のうち流動資産となるものは，売買目的有価証券，満期保有目的の債券やその他の有価証券のうち1年以内に満期が到来する社債および公債。

図表 5 - 2　有価証券の評価方法

分類	評価方法
売買目的有価証券	時価基準
1 年以内に満期到来する満期保有目的の債券	原価基準または償却原価法
その他の有価証券	時価基準（時価のない場合は，株式は取得原価で評価し，債券は取得原価または償却原価法）

合は，時価もしくは実質価額に評価替えすることになります。

2　資金管理

　企業は，損益計算書に表示される利益が十分あったとしても，資金繰りが悪化し，手形の不渡りなどによって倒産に追い込まれることがあります。これを黒字倒産といいますが，この黒字倒産を防ぐためには，しっかりとした**資金管理**が必要です。資金管理は**資金計画**からはじまりますが，企業の資金は現金の形で調達され，運用され，最後は現金に戻るため，資金計画も現金資金の計画が重要となります。現金資金の収支に関しては，まず資金繰表を作成して，実績を把握した上で計画が立てられます。実績をもとに作成される資金繰表を実績資金繰表，計画のための資金繰表を予定資金繰表といいます。

　資金計画が策定されると，次に資金の運用を確認して，**運転資金**の増減を確認する必要があります。運転資金とは，**図表 5 - 3** に示すように，流動資産と流動負債の差額，もしくは固定負債と純資産の合計額から固定資産を差し引いたものです。運転資金の増減を示す表を資金運用表といいます。

貸借対照表

流　動　資　産	流　動　負　債
運　転　資　金	固　定　負　債
固　定　資　産	
	純　　資　　産

運転資金＝流動資産－流動負債＝（固定負債＋純資産）－固定資産

3　キャッシュフロー計算書

　キャッシュフロー計算書は，一定期間のキャッシュフローの状況を明らかに
するため，資金の源泉と使途の状態を表示した計算書です。キャッシュフロー
計算書における資金とは，現金および現金同等物のことです。現金同等物とは，
換金性が高く，価値変動に対してリスクの少ない短期投資のことです。具体的
には，短期の定期預金やコマーシャル・ペーパーなどです。しかし，現金およ
び現金同等物の内容については経営者に委ねられています。したがって，その
内容を注記することが求められています。

　貸借対照表と損益計算書からでは一会計期間にどのような活動から資金を獲
得し，その資金をどのような活動に投資したかが正確には把握できません。そ
こで，このような資金の流れに関する情報を報告するものとして，キャッシュ
フロー計算書が利用されます。つまり，キャッシュフロー計算書は，債務や配
当を支払う能力，外部からの資金調達の必要性，期中の投資がどのような資金
からなされたかなどの情報を提供します。

　企業の資金の流れは，図表 5 - 4 のようなものです。そこで，キャッシュフ
ロー計算書では，一会計期間のキャッシュフローを，**営業活動によるキャッシ
ュフロー**，**投資活動によるキャッシュフロー**，**財務活動によるキャッシュフロー**

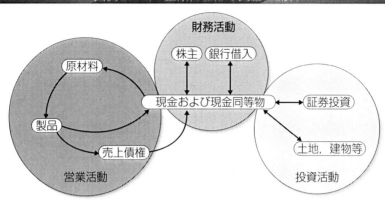

図表 5 − 4　企業における資金の流れ

の３つの区分に分けて表示します。

　営業活動によるキャッシュフローでは，企業が外部からの資金に頼ることなく，営業活動によって資金をどれだけ獲得したかが示されています。この区分に記載されるキャッシュフローは，売上高，売上原価，販売費および一般管理費などの営業損益の取引によるキャッシュフロー，営業活動における債権債務によるキャッシュフロー，営業外損益のうち，投資活動および財務活動以外の取引によるキャッシュフローです。たとえば，支払期日前に金融機関等で裏書譲渡し換金する割引手形は，借入に近い性格を有していますが，営業活動の中で生じた資金なので営業活動によるキャッシュフローに含めることになります。投資活動は，調達した資金をさまざまな資産に投下する活動のことで，投資活動によるキャッシュフローの区分では，将来のキャッシュ・イン・フローを獲得するために支出した資金や資産を売却した資金の収入を表示します。たとえば，土地，建物などの有形固定資産や特許権などの無形固定資産の取得あるいは売却，貸付金の支出あるいは回収，有価証券等の取得あるいは売却などが含まれます。

　財務活動は資金の調達と運用あるいは返済に関連する活動のことです。したがって，この区分には，株式の発行や金融機関からの借入などの資金調達と配当金支払や借入金返済などによるキャッシュフローが表示されます。財務活動によるキャッシュフローには，借入による資金の調達もしくは借入金の返済，

社債発行による資金調達もしくは社債の償還，株式発行による資金調達および株式発行にともなう関連費用の支出，自己株式に関わる取引などが含まれます。

フリー・キャッシュフローは，営業活動から生じたキャッシュフローから，設備等に投資した投資額を控除したものです。これは，企業への資金提供者に還元できる資金です。このフリー・キャッシュフローがどのようにつかわれているかをみることによって，当該企業の戦略がみえてきます。フリー・キャッシュフローは，その規模だけでなく内容も重要です。設備投資を控えれば，フリー・キャッシュフローは改善します。しかし，将来のための投資を犠牲にしているかどうかの判断が重要です。そこで，このフリー・キャッシュフローは，当該年度だけでなく数期にわたってチェックする必要があります。

将来どれだけのフリー・キャッシュフローが獲得できるかということを将来フリー・キャッシュフローといいます。この将来フリー・キャッシュフローを現在価値で割り引いたものがディスカウント・キャッシュフローです。これは，投資の評価や買収時の企業評価などに用いられます。

営業によるキャッシュフローの表示方法には，**直接法**と**間接法**があります。直接法は，営業収入によるキャッシュ・イン・フロー，営業支出によるキャッシュ・アウト・フローの両方を主要な取引ごとに総額で表示することによって，期中のキャッシュフローの増減を直接的に明らかにする方法です。直接法によるキャッシュフロー計算書は，企業の営業活動によるキャッシュフローを総額でみることができる長所があります。しかし，直接法は期中取引の増減の詳細を把握しなければならないので，処理が煩雑になる可能性があります。また，利益とキャッシュフローの異なる原因がわかりにくくなる短所もあります。

間接法は，税引前当期純利益を出発点として，これに必要な調整項目を加減して期中の資金の増減を間接的に明らかにする方法です。間接法では，調整過程が示され，利益とキャッシュフローの違いの原因分析がわかりやすく，直接法に比べ簡便な方法であるため，多くの企業で採用されています。税引前当期純利益に対する調整項目は，以下のようなものがあります。

資金の収支のない収益，費用および損失

　資産の評価益，減価償却費，引当金繰入，債権の貸倒損失，資産の評価損など

営業活動における資産および負債

　売掛金等の資産の増加や買掛金等負債の減少は，資金の減少をもたらすので，マイナス項目となります。また，売掛金等資産の減少や買掛金等負債の増加は資金の増加をもたらすので，プラス項目となります。

　なお，投資有価証券や固定資産の売却損益等，投資や財務活動に関するキャッシュフローは，営業活動によるキャッシュフローから除き，投資活動によるキャッシュフローおよび財務活動によるキャッシュフローの区分に記載します（図表5－5，5－6）。

キャッシュフロー計算書
令和○4年4月1日〜令和○5年3月31日

営業活動によるキャッシュフロー	
営業収入	×××
原材料又は商品の仕入れによる支出	△×××
人件費の支出	△×××
その他の営業支出	△×××
小計	×××
利息および配当金の受取額	×××
利息の支払額	△×××
損害賠償の支払額	△×××
・・・・・・・	×××
法人税等の支払額	△×××
営業活動によるキャッシュフロー	×××
投資活動によるキャッシュフロー	
有価証券の取得による支出	△×××
有価証券の売却による収入	×××
有形固定資産の取得による支出	△×××
有形固定資産の売却による収入	×××
投資有価証券の取得による支出	△×××
投資有価証券の売却による収入	×××
貸付けによる支出	△×××
貸付金の回収による収入	×××
・・・・・・・・・	×××
投資活動によるキャッシュフロー	×××
財務活動によるキャッシュフロー	
短期借入れによる収入	×××
短期借入金の返済による支出	△×××
長期借入れによる収入	×××
長期借入金の返済による支出	△×××
社債の発行による収入	×××
社債の償還による支出	△×××
株式の発行による収入	×××
自己株式の取得による支出	△×××
配当金の支払額	△×××
・・・・・・・	×××
財務活動によるキャッシュフロー	×××
現金および現金同等物に係わる換算額	×××
現金および現金同等物の増減額	×××
（△は減少）	
現金および現金同等物の期首残高	×××
現金および現金同等物の期末残高	×××

図表5－6　キャッシュフロー計算書［一部］（間接法）

キャッシュフロー計算書
令和○4年4月1日〜令和○5年3月31日

営業活動によるキャッシュフロー	
税引前当期純利益	×××
（又は税引前当期純損失）	
減価償却費	×××
減損損失	×××
貸倒引当金の増減額（△は減少）	×××
受取利息および受取配当金	△×××
支払利息	×××
為替差損益（△は益）	×××
有形固定資産売却損益（△は益）	×××
損害賠償損失	×××
売上債権の増減額（△は増加）	×××
棚卸資産の増減額（△は増加）	×××
仕入債務の増減額（△は減少）	×××
・・・・・・・	×××
小計	×××
利息および配当金の受取額	×××
利息の支払額	×××
損害賠償金の支払額	×××
・・・・・・・	×××
法人税等の支払額	×××
営業活動によるキャッシュフロー	×××
以下直接法と同じ	

第6章
棚卸資産と売上原価

 ## 棚卸資産

　販売あるいは製造を目的として消費され，実地棚卸によってその有り高が確定する資産を**棚卸資産**（inventories）といいます。実地棚卸とは，棚にある物品の数量や価格を実際に調査し，確定することをいいます。棚卸資産には，以下のものなどが含まれます。

　　①販売目的の資産……………………………商品，製品
　　②販売目的のために現在製造中の資産……仕掛品，半製品
　　③販売目的の財貨または用役を
　　　生産するために消費される資産…………原材料，貯蔵品
　　④販売・管理活動において
　　　短期的に消費される資産…………………消耗品

　棚卸資産の取得原価は購入価格に付随費用を加えて算定されますが，製造による場合は，適正な原価計算手続きによって算定された製造原価を取得原価とします。

　棚卸資産の評価額は，数量に単価を乗じて算定します。

棚卸資産の評価額＝数量×単価

　数量の計算方法には，**継続記録法**と**棚卸計算法**があります。継続記録法は，棚卸資産の受入と払出の度に数量を記録し，帳簿上で常時，在庫数量を確認する方法です。これに対して棚卸計算法は期首の数量と期中の受入数量を記録し，期末に棚卸をして残高を確認して，会計期間中の払出数量を逆算する方法です。棚卸計算法は常に帳簿上で在庫数量を確認することができません。この点，継続記録法の方が優れていますが，この方法においても，誤記や盗難などによって帳簿上の数量と実際数量が一致しない場合が出てきます。そこで，期末にお

ける実地棚卸が不可欠なものとなっています。

　単価を計算する主要な方法（棚卸資産の評価方法）として，個別法（identified cost method），先入先出法（first-in first-out method: FIFO），後入先出法（last-in first-out method: LIFO），移動平均法（moving average method），総平均法（weighted average method）などがあります（図表6－1）。

　価格上昇期と価格下落期の先入先出法および後入先出法と売上原価，売上総利益および棚卸資産評価額の関係を示すと図表6－2のようになります。

図表6－1　棚卸資産の評価方法

計算方法	内容	特徴
個別法	商品の仕入単価を個別に把握して，払出の度に実際の単価を割り当てる方法。	正確な売上原価，期末棚卸高が計算できるが，数多くの多様な商品を扱う企業では適用することが困難。
先入先出法	先に受入した商品から順に払出れたと想定して，払出高および期末商品棚卸高を計算する方法。	期末商品棚卸高に最近の原価が反映する。価格の上昇時には，売上原価が小さく，期末商品棚卸高は大きくなる。
後入先出法	後に受入した商品が先に払出されたと想定して，払出高および期末商品棚卸高を計算する方法。	売上原価が払出時の原価に近い金額で計算される。価格の上昇時には，売上原価は大きく，期末商品棚卸高は小さく計算される。
移動平均法	商品を受入れる度に，以下の式によって平均単価を算出して，その単価で払出高および残高を計算する方法。 平均単価＝（残高金額＋受入金額）÷（残高数量＋受入数量）	払出単価が平均化されるので，売上原価や期末商品棚卸高の計算が価格変動の影響を受けにくい。
総平均法	期首の在庫と一定期間の受入した商品の合計額をその数量で除して平均単価を算出して，その期すべての払出高および期末商品棚卸高を算出する方法。 総平均単価＝（前期繰越金額＋当期受入金額）÷（前期繰越数量＋当期受入数量）	期末にならないと売上原価が確定しないという短所はあるが，期間の単価が同じになるので，価格変動の影響が平均化される。また，計算も簡単である。

【価格の上昇時】

（先入先出法）売上原価↓　　売上総利益↑　　棚卸資産評価額↑

（後入先出法）売上原価↑　　売上総利益↓　　棚卸資産評価額↓

【価格の下落時】

（先入先出法）売上原価↑　　売上総利益↓　　棚卸資産評価額↓

（後入先出法）売上原価↓　　売上総利益↑　　棚卸資産評価額↑

※なお，平均法は先入先出法と後入先出法の中間の価額となります。

※各評価方法により，期末棚卸高は異なりますが，期末棚卸高が大きく評価されるほど売上原価は小さく評価され，売上総利益は大きくなります。反対に，期末棚卸高が小さく評価されるほど売上原価は大きく評価され，売上総利益は小さく評価されます。

　棚卸資産の期末評価は原則として取得原価によって行いますが，棚卸資産の帳簿棚卸高は実地棚卸高と比較され，不一致があれば，帳簿上の記録である帳簿棚卸高を実際の棚卸高である実地棚卸高にあわせる修正が必要となります。この修正は，実地棚卸高と帳簿棚卸高の差異を**棚卸減耗費**や**商品評価損**として処理することによって行われます。

　帳簿棚卸数量よりも実地棚卸数量が少ない場合，その差異を棚卸減耗といいます。棚卸減耗に単価を乗じた額が棚卸減耗費です。棚卸減耗費は，それが原価性を有していれば，損益計算書において，商品および製品に関しては売上原価あるいは販売費として計上し，原材料に関するものは製造原価に含めます。原価性がなければ，営業外費用あるいは特別損失として処理します（図表6-3）。

　棚卸資産の時価が原価よりも下落した場合に生じる損失を商品評価損といいます。企業会計基準第9号「棚卸資産の評価に関する会計基準」では，棚卸資産の評価基準として低価法を適用することを定めています。さらに，棚卸資産を通常の販売目的で保有する棚卸資産とトレーディング目的で保有する棚卸資産の2種類は分け，それぞれの会計処理を定めています。トレーディング目的

図表 6 - 3　棚卸減耗費の表示

		売上原価の内訳項目	販売費	営業外費用	特別損失
棚卸減耗費	原価性あり	☆	☆		
	原価性なし			☆	☆
商品評価損		☆			☆

図表 6 - 4　棚卸減耗費と商品評価損の計算

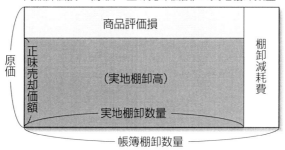

棚卸減耗費＝原価×（帳簿棚卸数量－実地棚卸数量）
商品評価損＝（原価－正味売却価額）×実地棚卸数量

で保有する棚卸資産とは，当該資産の購入時点から加工や販売努力を行うことなく，単に市場価格の変動によって利益を得ようとする棚卸資産です。通常の販売目的で保有する棚卸資産については低価法を，トレーディング目的で保有する棚卸資産については時価法の適用を定めています。

　なお，棚卸減耗費と商品評価損の計算は図表 6 - 4 のように行います。

❷　売上原価の計算

　商品や製品の販売によって収益が発生します。これを**売上高**（sales revenue）といいます。この売上高に対応して，販売された商品や製品の原価が**売上原価**（cost of sales）として計上されます。売上高と売上原価が算定され

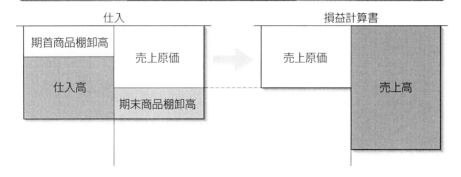

図表6－5　仕入と売上高の関係

れば，両者の対応によって売上総利益が算定されます。

売上総利益＝売上高－売上原価
　　※売上高＝総売上高－売上値引および返品高

　売上原価は販売した商品の仕入原価，販売した製品の製造原価が基礎となっています。仕入と売上高の関係は図表6－5で示すことができます。
　したがって，売上原価の計算式は以下のようになります。

【商品販売業の場合】
売上原価＝期首商品棚卸高＋当期商品純仕入高－期末商品棚卸高
　　※純仕入高＝総仕入高－仕入値引および返品高

【製造業の場合】
売上原価＝期首製品棚卸高＋当期製品製造原価－期末商品棚卸高

　当期製品製造原価は，企業の原価計算制度によって作成された，**製造原価報告書**に報告された製造原価が適用されます。製造業では，仕入れた原材料に付加価値を加えるため，これらの犠牲となった原価を棚卸資産や売上原価に含めなければなりません。これらは，原価計算によって行います。

3 原価計算

　原価計算の目的は，一般に①財務諸表作成目的，②価格計算目的，③原価管理目的，④予算目的，⑤計画設定目的が挙げられます。実際原価によって計算される**実際原価計算**は，損益計算の売上原価を確定し，貸借対照表の棚卸資産を算定して企業の期間利益を算定するために製品の製造原価を計算するものです。したがって，実際原価計算は上述した原価計算の目的のうち，主に財務会計目的や価格計算目的に用いられるものであるといえます。

　製造業における実際原価計算では，製品の原価はその発生形態によって以下の3つの原価要素に分類されています。

①材料費（製品の製造に消費した材料の消費高）

②労務費（製品の製造に消費した労働力の消費高）

③経費　（製品の製造に消費した原価のうち材料費，労務費以外の原価要素）

　製品の製造を行う工場では，補助材料のように，材料の中には製品に直接使用されないものがあります。これは，間接材料と呼ばれ，この原価は間接材料費となります。製品の製造に直接使用された材料を直接材料といい，その原価が直接材料費です。労務費についても同様のことがいえます。製品の製造のために消費されたことが直接的に認識できる原価で，当該製品について個別的に発生する原価を**直接費**（direct costs）といいます。これに対して，いくつかの製品を製造する場合に，共通に発生する原価で，特定の製品の製造のために消費されたことが直接的に認識できない原価を**間接費**（indirect costs）といいます。原価の費目別分類では，材料費と労務費以外のものを経費といいます。経費のうち，外注加工費以外は間接費になります。

　したがって，原価要素は，特定の製品との関連によって製造直接費と製造間接費に分類されます。製造直接費には直接材料費，直接労務費，直接経費があります。製造間接費には，間接材料費，間接労務費，間接経費があります。製造間接費は，製造直接費と違い，種々の製品について共通に発生し，特定の製

(1) 直接材料費法

　　配賦率＝製造間接費総額÷直接材料費総額

　　製造間接費配賦額＝指図書直接材料費×配賦率

(2) 直接労務費法

　　配賦率＝製造間接費総額÷直接労務費総額

　　製造間接費配賦額＝指図書直接労務費×配賦率

(3) 直接原価法

　　配賦率＝製造間接費総額÷直接原価総額

　　製造間接費配賦額＝指図書直接原価×配賦率

(4) 直接作業時間法

　　配賦率＝製造間接費総額÷総直接作業時間

　　製造間接費配賦額＝配賦率×指図書直接作業時間

(5) 機械時間法

　　配賦率＝製造間接費総額÷総機械運転時間

　　製造間接費配賦額＝配賦率×指図書機械運転時間

品に直接集計することができないため，一定の基準（たとえば，直接労務費，直接労働時間，機械時間など）で，各製品に製造間接費を配分する必要があります。この手続きを**製造間接費の配賦**といいます（図表6－6）。

　実際原価計算では，製品の製造原価をこのような3つの費目別に集計した後，これらを部門別に集計し，各部門を通過した製品別に部門原価の集計が行われ，単位原価を算定します（図表6－7）。

　材料費，労務費，経費の費目別に集計された原価は，次の段階では，工場における部門ごとに各原価要素の消費高を計算するため，部門ごとに集計されます。さらに，費目別計算，部門別計算を経て集計された原価要素の消費高は製品別に集計され，製品1単位あたりの原価が計算されます。

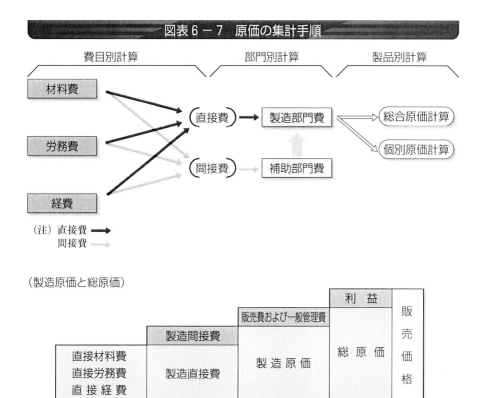

図表6－7　原価の集計手順

（製造原価と総原価）

4 損益計算書と製造原価報告書

　上述したように，製造業の損益計算書では，その売上原価の算定の基礎となるのは当期製品製造原価です。当期製品製造原価は，一会計期間に製造された製品の製造原価のことで，その内訳明細は製造原価報告書に明示されています。その意味では，製造原価報告書は，損益計算書に添付される明細書です。製造原価報告書は，以下のような手順で作成されます。

①当期の製造費用を材料費，労務費，経費の各原価要素に区分して，一会計期間の消費高を計算・表示する。

②材料費，労務費，経費の合計額を当期製造費用として表示する。

③当期製造費用に期首仕掛品棚卸高を加算する。

④当期製造費用と期首仕掛品棚卸高の合計から期末仕掛品棚卸高を差し引いて，当期製品製造原価を計算・表示する。

図表6－8は，製造原価報告書と財務諸表の関係を示したものです。

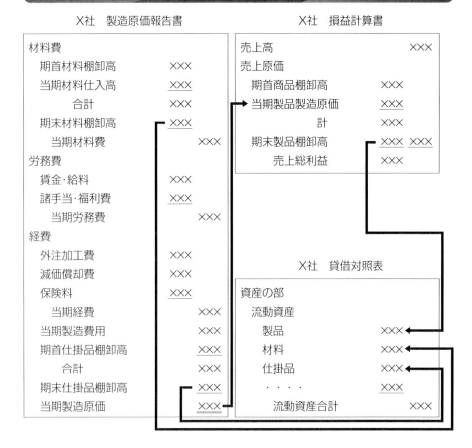

図表6－8　製造原価報告書と財務諸表の関係

第7章
固定資産と減価償却

固定資産の分類

　固定資産（fixed assets）は，第2章の図表2－1XYZ社貸借対照表にもあるように，有形固定資産，無形固定資産，投資その他の資産，繰延資産に分類されます。

　有形固定資産とは，1年を超えて企業の経済活動のために長期的に保有する具体的な形態を持つ非貨幣性資産です。具体的には，土地，建物，機械装置，車輌運搬具，器具・備品など，企業の経済活動の中心となる資産です。

　無形固定資産とは，法律上の権利（特許権，商標権，実用新案権，借地権，意匠権など）と，法律上の権利ではないが企業にとって経済的価値を有するもの（のれん，ソフトウェアなど）が含まれます。

　投資その他の資産には，出資金，投資有価証券，長期貸付金，投資不動産などが含まれます。

　繰延資産とは，すでに対価の支払いが完了し，または支払義務が確定し，それに対する役務の提供を受けたにも関わらず，その役務の効果が将来にわたって発現すると期待される費用支出です。つまり，繰延資産は，本来，費用として処理されるべき支出ですが，期間損益計算上，支出時の期間費用ではなく資産として繰延経理されたものです。現行の企業会計では，創立費，開業費，株式交付費，社債発行費，開発費について，支出時に費用処理を原則として，繰延経理も認められています。

2 有形固定資産の取得原価

　有形固定資産の評価は原則として取得原価を基礎としますが，取得形態の種類によって，決定方法が異なります（図表7－1）。

図表7－1　　有形固定資産の取得原価	
取得形態	取得原価の決定
購入の場合	購入代価に付随費用（買入手数料，引取運賃，据付費など）を加算して，取得原価とします。
自家建設の場合	適正な原価計算により製造原価を計算し，これに基づいて取得原価を決定します。
現物出資の場合	株式発行の対価として，固定資産を受け入れた場合は，出資者に対して交付された株式の発行価額を取得原価とします。
交換の場合	譲渡資産の適正な簿価を取得原価とします。
贈与の場合	原則として，贈与された資産の時価などを基準として，公正な評価額によって取得原価を決定します。なお，国や地方公共団体からの補助金などで固定資産を取得した場合は，圧縮記帳が認められています。

3 有形固定資産の減価償却

　有形固定資産は，土地および建設仮勘定を除いて，使用による減耗，時の経過にともなう自然老朽化，損耗などの物理的減価，あるいは技術革新や需要の変化による陳腐化，生産方法の変更や組織変更などによる不適応などの機能的減価によって，その価値が減少します。しかし，有形固定資産の価値の減少を直接的に把握するのは難しく，また，有形固定資産の廃棄時に一気に費用化すると，収益と費用の対応関係がくずれ，適正な期間損益計算が損なわれることになります。そこで，有形固定資産の取得原価をその利用期間にわたって，あらかじめ決められた一定の方法で規則的に費用として配分することとされています。この配分の手続きを**減価償却**（depreciation）といい費用配分される減価償却額を減価償却費といいます。このような会計処理は有形固定資産の価値の減少を測定し，その減少額を当該有形固定資産の取得原価から差し引くという意義は薄れ，企業経営者の立場から，減価償却は有形固定資産に投下された資本の回収計算といった意味を持つという見解もあります。

　減価償却は以下の3つの要素に基づいて，毎期の減価償却費を計算します。

①取得原価（購入価格や製造原価に付随費用を含む）

②耐用年数（法定耐用年数や経済的寿命）

③残存価額（耐用年数到来時の見積処分価額）

　減価償却費の計算方法には，当該有形固定資産の耐用年数を基準とする定額法，定率法，級数法と，当該有形固定資産の利用度を基準とする生産高比例法があります。

①定額法（耐用年数にわたって，毎期均等額を減価償却費として計上する方法）

　　減価償却費 ＝（取得原価 － 残存価額）÷ 耐用年数

②定率法（有形固定資産の未償却残高に毎期一定の償却率を乗じて減価償却費を計算する方法）

　　減価償却費 ＝（取得原価 － 減価償却累計額）× 償却率

③級数法（残余耐用年数を分子，1 から耐用年数までの各年度数の総和を分母として償却率を計算し，毎期の減価償却費を計算する方法）

　　減価償却費 ＝（取得原価 － 残存価額）×｛残余耐用年数 ÷（1 から耐用年数までの各年度数の総和）｝

④生産高比例法（有形固定資産の利用度または生産高に比例して，毎期の減価償却費を計算する方法）

　　減価償却費 ＝（取得原価 － 残存価額）× 各期実際生産量 ÷ 予測総生産量

　減価償却の会計処理には直接法と間接法の 2 つの方法があります。直接法は減価償却費を減価償却費勘定の借方に記入するとともに，当該有形固定資産の貸方に直接記入して，帳簿価額を減額する方法です。間接法は，減価償却費を減価償却費勘定の借方に記入するとともに，減価償却累計額勘定を設け，その貸方に記入する方法です。一般には，間接法が用いられています。

　減価償却費の特徴は，支出をともなわない費用であるということです。したがって，商品等の販売によって企業にもたらされた現金資金のうち，減価償却費に相当する額が利益とともに企業に留保されるという効果があります。これ

を減価償却の**自己金融機能**といいます。しかし，減価償却費が支出をともなわない費用であること，また，実質的な耐用年数の確定が困難であることなどから，減価償却費が利益の操作に利用される可能性があることも否定できません。

4 投資その他の資産

投資その他の資産は，投資目的の資産とその他の長期性資産に分けられます。投資目的の資産とは，長期的な利殖を目的とするものと他の企業の支配あるいは影響力の行使を目的とするものがあります。その他の長期性資産とは，他の資産区分に属さない長期性の資産のことです（図表7−2）。

図表7−2の満期保有目的の債券とは，満期日まで所有する社債や公債のことです。これらの債権は原則として取得原価で評価します。ただし，額面金額よりも高い金額もしくは低い金額で取得した場合は，取得原価と額面金額との差額を，償還期日までの各年度に有価証券利息として割り当て，簿価を減額もしくは増額することができます。これを**償却原価法**といいます。

その他有価証券とは，売買目的有価証券，満期保有目的の債券，子会社株式，関連会社株式のいずれにも属さない有価証券をいいます。その他有価証券は原則として時価で評価します。ただし，時価のない場合は，株式は取得原価で評価し，債券は取得原価もしくは償却原価法による価額で評価します。また，子会社株式と関連会社株式は取得原価で評価します。これらの有価証券のうち市

図表7−2　投資その他の資産

投資	長期利殖目的	投資有価証券 　満期保有目的有価証券 　その他有価証券 長期貸付金
	企業支配目的で保有する株式	子会社株式
	他の企業に影響力を行使する目的で保有する子会社株式以外の株式	関連会社株式
その他の長期性資産		長期前払費用など

場価格があるものについて，時価が著しく下落し，回復の見込みがない場合には，時価で評価することになります。市場価格がない株式については株式の実質価額を算定して，これが著しく低下した時は，相当額を減額します。なお，株式の実質価値は一般に以下のように計算します。

**株式の実質価値 =（当該会社の純資産額÷当該会社の発行済み株式総数）
×持ち株数**

5 設備投資の経済性計算

　有形固定資産は，いったん購入すると長期にわたって使用する資産なので，投下された資金は固定化し，その維持や更新に対する管理が企業にとって重要な問題となります。したがって，有形固定資産の新規購入や設備更新の意思決定は，企業の経営政策の中でも，より慎重に行わなければなりません。このような設備投資に関する計画は，長期的な戦略として位置づけられます。設備投資には，その目的から，2つに分類することができます。1つは，追加投資が中心で，生産および販売設備などの拡張のための投資や新製品の開発のための設備投資です。これらの投資は一般に設備拡張の経済性が利益増加額によって測定されます。もう1つは，既存の設備の取り替えのための投資で作業の機械化や合理化あるいは省力化を目的とした設備更新のための投資です。設備更新のための投資は，一般にその経済性を原価低減額によって測定します。

　ここでは，設備更新に関する投資の経済性計算を簡単な例を用いて説明します。X社は，需要の増加をみこして，また，人件費を削減する目的で，現在の設備を生産能力の高い最新の設備に更新することにしました。両設備の年間総設備費を計算したものが図表7－3です。

　図表7－3では，現在の設備に関する総設備費は1,300万円，新しい設備に関する総設備費は1,200万円ですから，更新した場合，100万円の取替益が出ることになります。年間に100万円の原価低減が可能なので，新しい設備に対する総投資額をこの金額で割れば，投資の回収期間が計算できます。

　しかし，設備更新による原価低減の計算は，このような実際原価の比較だけ

図表 7 - 3　実際原価計算による総設備費

現在の設備		新しい設備	
人件費	500万円	人件費	100万円
減価償却費	380	減価償却費	720
その他の経費	<u>420</u>	その他の経費	<u>380</u>
総設備費	1,300万円	総設備費	1,200万円

では不十分です。たとえば，現在の設備の減価償却費は，当該設備を更新しても，あるいは売却しても，未償却の部分は回収されていないので，耐用年数にわたって償却します。つまり，現在の設備の減価償却費は，新設備を購入し使用することになっても，費用として計上する必要があります。したがって，この費用は設備を更新しても使用し続けても増減しないので，総設備費の比較計算から除外する必要があります。このように，いったん投下されてしまうとその後回収できない費用を**埋没原価**（sunk cost，第23章参照）といいます。設備更新の経済計算には，もう1つ重要な要素があります。それは，**機会原価**（opportunity cost，第23章参照）と呼ばれるものです。機会原価とは，経済的資源を断念した機会に使用していたなら，得られたであろう最大の利得をいいます。たとえば，更新にあたって現在の設備が売却できたとします。この売却代金は更新せずに使用を継続した場合にはいってきません。売却すれば得られた利得がはいってきませんので，これを現在の設備費に加算する必要があります。

設備更新の経済計算（図表7 - 4）では，現在の設備の設備費が950万円，新しい設備の設備費が1,200万円となり，取替損が250万円となり設備更新をする方が不利ということになります。これ以外にも，新設備購入のための資金を借り入れた場合には，その利子を考慮する必要がありますし，借り入れた資金の機会原価も発生します。これらは，新設備の設備費に加算することになります。

実際の設備更新の意思決定では，設備更新の経済性計算を行って，経済的に有利か不利かを判断しますが，たとえこれが不利となっても，経営者は企業を取り巻く経済状況を考慮して，経営戦略上，設備更新が不可欠な場合には，設備更新の意思決定をする場合があります。

図表7－4　設備更新の経済性計算

現在の設備

人件費	500万円
減価償却費	0
その他の経費	420
機会原価	30※
総設備費	950万円

新しい設備

人件費	100万円
減価償却費	720
その他の経費	380
総設備費	1,200万円

※売却価格90万円で現設備は3年間使用可能

90万円÷3年＝30万円

第8章
リース会計

1 リース契約

　企業が固定資産を調達する方法には，購入以外にリース契約による方法があります。企業が，製造設備等の固定資産を購入すると，一度に多額の資金が必要となり，また長期にわたりそれを保有することとなるため，資金が固定化されてしまいます。一方で，リース契約によって固定資産を利用する場合，企業は購入代金の代わりに毎期一定のリース料を支払うこととなります。固定資産を自己所有するよりも，リース契約による固定資産の調達の方が，一度に多額の資金を投資する必要がなくなるため，資金に柔軟性が増すメリットがあります。他にも，リース物件の保守管理をリース会社が行うといったメリットもあります。

　リース会計が対象とするリース取引とは，特定の物件の所有者である貸手が，当該物件の借手に対して，リース期間にわたってこれを使用収益する権利を与え，借手は，リース料を貸手に支払う取引のことです。借手は，販売会社からリース物件を選定し，貸手とリース契約を締結し，貸手と販売会社が当該物件の売買契約を結びます。その後，リース物件が借手に引き渡され，借手は貸手にリース料を支払います。このような取引によって，借手はリース物件を使用し，収益を獲得することができるようになり，一方で，そのリース物件の法的所有権は貸手が有していることになります。法的形式面において，これは賃貸借取引です。しかし，リース契約には，途中解約が不可能であることや，リース物件から生じる収益だけでなくコストも借手に帰属することが含まれることもあります。このような場合，経済的実質の観点から，リース物件を購入し，代金をリース料として長期に分割払いしているのと同じであると考えられます。法的形式面ではなく，経済的実質を重要視する会計処理を行うことを，実質優先の原則といいます。

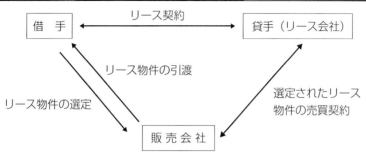

図表8-1　リース取引

2　リース取引の分類

　リース取引は，**ファイナンス・リース取引**と**オペレーティング・リース取引**の2つに分類されます。ファイナンス・リース取引とは，以下の解約不能要件とフルペイアウトの要件の2つを満たす取引のことです。また，この2つの要件を満たすファイナンス・リース取引以外を，オペレーティング・リース取引といいます。

①解約不能の要件

　これは，リース契約に基づくリース期間の中途において，当該契約を解除できないことです。さらに，契約上は解約可能であっても，解約に際して相当の違約金を支払わなければならないなどの理由から，実質的に解約不能と認められるリース取引も，この要件を満たすことになります。

②フルペイアウトの要件

　これは，借手が当該リース物件から得られるすべての経済的利益を実質的に享受でき，また，当該リース資産の取得価額相当額，維持費および管理費，陳腐化等のリスクなどの使用にともなうすべてのリスクを実質的に負担することです。

　このような2つの要件を満たすファイナンス・リース取引は，借手がリース

物件を購入し，代金を長期の分割払いしているのと同じです（もしくは，借手が貸手から資金を借入れ，リース物件を購入したと考えることもできます）。このような観点から，ファイナンス・リース取引の場合，リース物件の所有権は貸手にありますが，借手は長期にわたりリース物件を自社の資産であるかのように利用します。また，ファイナンス・リース取引は，リース期間後に貸手側から借手側にリース物件の所有権が移転する所有権移転ファイナンス・リース取引と，所有権が移転しない所有権移転外ファイナンス・リース取引があります。

❸ リース取引の会計処理

　ファイナンス・リース取引は，実質優先の原則から，賃貸借取引としてではなく，売買取引に準じて会計処理されます。ファイナンス・リース取引の借手は，貸借対照表にリース物件をリース資産として計上し，毎期支払うリース料についてもリース債務として計上します。この時，リース料の総額がそのままリース資産およびリース債務の評価額となるわけではありません。リース料総額は，元本部分と利息部分から成り立っているため，リース資産とリース債務の計上額は，原則としてリース契約締結時に合意されたリース料総額から，これに含まれる利息相当額の合理的な見積額を控除する方法によって決定します。この利息相当額については，リース期間にわたり配分し，損益計算書の借方に支払利息として計上します。さらに，借手はリース資産の減価償却費を計算し，これを損益計算書に計上します。

　ファイナンス・リース取引の貸手は，借手と同様に売買取引に準じた会計処理を行います。リース期間にわたってリース料を受け取る権利を評価し，これを所有権移転ファイナンス・リース取引であればリース債権として計上し，所有権移転外ファイナンス・リース取引であればリース投資資産として計上します。

　一方で，オペレーティング・リース取引については，通常の賃貸借取引に準じた会計処理を行うこととされています。借手側の処理であればリース料を製造原価や販売費および一般管理費などの中に計上し，貸手側の処理であれば売上高や営業外収益として計上します。したがって，リース資産およびリース債務は貸借対照表に表示されず，毎期のリース料が損益計算書に計上されます。

図表 8 - 2　借手のリース取引の処理

①ファイナンス・リース取引（売買処理）

貸借対照表		損益計算書	
リース資産	リース債務	減価償却費	
		支払利息	

②オペレーティング・リース取引（賃貸借処理）

貸借対照表		損益計算書	
———	———	支払リース料	

第9章
無形固定資産

1 無形固定資産の種類

　具体的な形態を持たない固定資産を**無形固定資産**といいます。最近では，無形固定資産が，有形固定資産に代わり，企業価値の決定因子になりつつあります。無形固定資産には，特許権等の法律上の権利とそれに準ずるものをあらわす固定資産と，法律上の権利ではありませんが，経済上の優位性をあらわす固定資産があります。後者の経済上の優位性をあらわすものとは，のれんを指します。さらに，貸借対照表には，ソフトウェアの一部も無形固定資産として計上されます。無形固定資産に分類される法律上の権利やのれん，ソフトウェアに関する会計上の処理方法は，それぞれ異なります。

2 法律上の権利

　無形固定資産のうち，特定の法律によって権利が保護されていて，その権利に基づいて一定の利益が上げられるものとして，特許権，商標権，実用新案権，意匠権，借地権，漁業権，鉱業権などがあります。このような法律上の権利である無形固定資産の取得原価は，有形固定資産の取得原価の決定の仕方と，基本的には同じです（図表7－1）。たとえば，法律上の権利を取得した場合は，取得に直接要した支出額に登録料その他の付随費用を加えた額を取得原価とします。また，このような権利を購入ではなく研究開発した場合には，研究開発に支出した金額に，その他の付随費用を加えた金額を取得原価とします。

　このような法律上の権利である無形固定資産は，償却手続きによって，取得原価の規則的な配分が必要です。その方法は，当該無形固定資産に関わる特定の法律が保証する権利の有効期限を限度として耐用年数を決定し，残存価額を

ゼロとして，耐用年数にわたり定額法（鉱山権は生産高比例法）によって，取得原価を規則的に償却します。したがって，これらの無形固定資産の貸借対照表上の金額は，取得原価から毎期の償却額を控除した金額となります。

❸ のれん

のれんは，ある企業が他の同種企業の平均的な収益力を上回る高い収益力を持つ場合に，この超過収益力を生み出す原因となる要素を金額で表示したものです。のれんは，企業内部で創設された自己創設のれんと，買収あるいは合併など，ある企業が別の企業を取得した場合に発生するのれんがあります。会計上，資産として計上できるのは，買収あるいは合併によるのれんです。自己創設のれんは客観的な評価が困難で，その資産性に疑問があるため，計上できません。買収や合併などの企業結合の場合，被取得会社の取得原価が，取得した資産および引き受けた負債に配分された純額を超過する額を，のれんとして貸借対照表の無形固定資産に計上します。下回る場合には，負ののれんとして，それが生じた事業年度の利益として処理されます。

計上されたのれんの会計処理として，償却説（その効果がおよぶ期間にわたり規則的な償却を行う）と非償却・減損説（規則的な償却は行わず，のれんの価値が損なわれた場合に減損処理を行う）などがあります。この点に関して「企業結合に関する会計基準」では，20年以内のその効果のおよぶ期間にわって，定額法その他の合理的な方法で規則的な償却を行うことが定められています。ただし，のれんの金額に重要性が乏しい場合には，当該年度に費用として処理することができます。しかし，のれんは「固定資産の減損に係る会計基準」の適用を受けますので，規則的な償却を行う場合でも，減損処理が優先して行われます。つまり，のれんを含む資産グループの回収可能性額の算定によって認識された減損額は，優先的にのれんに配分されることになります（固定資産の減損処理については次章で説明します）。したがって，日本の会計基準の下では，のれんは，規則的な償却を行い，その価値が著しく下落した場合には減損処理が適用されます。

一方で，国際会計基準（IFRS）におけるのれんの処理は，日本の基準とは

異なります。IFRSにおいては，のれんの定期償却は必要とせず，減損処理のみが適用されています。そのため，会計基準を日本基準からIFRSに変更すると，毎期発生していたのれん償却が発生しないことになり，その分利益が増加します。特に，毎期ののれん償却額が大きい企業であれば，利益が大幅に増加します。しかし，環境の変化等によってのれんに減損が発生した場合，日本基準を採用していた方が，利益の下げ幅が小さくなります。日本基準であれば，毎期のれんの償却を行っているため，貸借対照表上の金額が毎期減少しています。そのため，日本基準を適用したのれんの方が，IFRSを適用したのれんよりも評価額が低くなり，減損が発生したとしても，減損損失の金額が低くなります。

4 ソフトウェア

「研究開発費等に係る会計基準」によると，ソフトウェアとはコンピュータを機能させるように指令を組み合わせて表現したプログラム等のことです。ここでのプログラム等には，プログラムだけではなく，システム仕様書やフローチャート等の関連文書も含みます。このソフトウェアに関して，制作目的等によって会計処理が異なり，ある条件を満たしたソフトウェアが無形固定資産として貸借対照表に計上されます。

　ソフトウェアの制作費に関する処理は，その制作目的の違いによって将来の収益との対応関係が異なるので，制作目的別に設定されています。ソフトウェアの制作目的は，①研究開発目的，②販売目的，③自社利用目的の3つに分けられます。目的別の会計処理は以下のようになります。

　①研究開発目的のソフトウェアの制作費
　　当該製作費は，全額を研究開発費として支出時に費用処理します。
　②販売目的のソフトウェアの制作費
　　販売目的のソフトウェアは，さらに受注制作のソフトウェアと市場販売目的のソフトウェアに区別されます。受注制作のソフトウェアについては，建設業などにおける請負工事の会計処理に準じて処理します。一方で，市場販

売目的のソフトウェアには，費用処理される部分と無形固定資産として計上される部分があります。ソフトウェアを市場で販売する場合，企業は製品マスターを制作し，これを複写したものを販売します。この製品マスターが完成するまでの製作費は研究開発費として処理します。製品マスター完成後に発生した通常の改良や強化に要した費用は，無形固定資産として計上します。ただし，著しい改良と考えられるものは研究開発費として処理します。

③自社利用目的のソフトウェアの制作費

　当該ソフトウェアを利用することで，将来の収益獲得もしくは費用の削減が確実である場合，将来の収益との対応の観点から，その取得に必要とした費用を無形固定資産として計上します。

　上記のように，販売目的のソフトウェアと自社利用目的のソフトウェアの一部を無形固定資産として貸借対照表上に計上されます。無形固定資産として計上されたソフトウェアは，見積販売数量に基づく償却方法やその他の合理的な方法によって償却します。この際の償却額は，残存有効期間に基づく均等配分額を下回ってはいけません。

第10章
減損会計

1 減損会計

　企業は，利益の極大化を目指して，日々，投資活動や営業活動を行っています。このような企業が設備投資等を行う場合，投資対象となる生産設備等が将来，どのくらいの利益もしくはキャッシュ・イン・フローを生み出すかを予測して，設備投資等を決定します。しかし，生産設備等は長期に使用するため，経済状況の変化などにより，投資の当初に予測した利益もしくはキャッシュ・イン・フローが見込めなくなり，設備そのものの価値が下落してしまうことがあります。そこで，固定資産の実質的な価値やその回収可能性を財務諸表に反映させるため，当該固定資産の帳簿価額を減額する会計処理を行います。このことを**減損会計**といいます。

2 減損の処理

　固定資産の減損処理は以下のように行います。

①資産のグルーピング

　固定資産を投資意思決定やその後の経営計画などに基づいて，グループに分けて減損の判定を行います。減損の対象となる固定資産が単独でキャッシュフローを生み出すことはほとんどなく，キャッシュフローを生み出す最小単位を考慮して，資産のグルーピングが行われます。

②減損の兆候

　資産および資産グループに減損が生じている可能性を示す事象（減損の兆候）があるか判定します。減損が生じている可能性がある場合とは，次のような場合が想定されます。資産および資産グループが使用されている営業活

動から生じる損益やキャッシュフローが継続してマイナスとなっている場合です。他にも，市場価格が著しく下落している場合や，資産グループが使用されている事業に関連する経営環境が著しく悪化した場合などが考えられます。

③減損損失の認識

　減損の兆候がある場合に，減損損失を認識すべきかどうか判定します。該当資産および資産グループから得られる割引前の将来キャッシュフローの総額と帳簿価額を比較し，割引前の将来キャッシュフローの総額が帳簿価額を下回る場合に，減損損失を認識します。

④減損損失の測定

　減損損失の認識することとなった資産および資産グループは，減損損失を財務諸表上に反映するため，その測定を行います。帳簿価額を回収可能価額まで減額し，この減少額を減損損失として特別損失に計上します。ここでの**回収可能価額**とは，正味売却価額と使用価値の高い方の金額のことを指します。**正味売却価額**とは，資産および資産グループの時価から見積処分費用を控除して算定した売却による回収額のことです。また**使用価値**とは，資産グループを継続して使用した上で，使用後の処分によって生じると見積られる将来キャッシュフローの現在価値であり，使用による回収額のことです。帳簿価額をこれらのうち高い金額である正味売却価額まで減額するのは，企業が資産および資産グループに対する投資を売却と使用のどちらかによって回収するため，回収額の高い方を採用すると考えられるためです。

　減損会計では，帳簿価額より現在価値が上回っても，その差額を収益として計上することや，帳簿価格を引き上げることは行いません。あくまでも収益力が低下したタイミングで減損処理を行います。また，日本の基準では，過去に減損した資産グループの収益性が向上したとしても，帳簿価額よりも現在価値が高くなったとしても，一度計上した減損損失の戻入れは行いません。一方で，IFRS では，減損の戻入れが強制されています。

①資産グルーピング

②減損の兆候
　　ある　　　　　　　　　　　　　　　　　　　　　　　　　ない

③減損損失の認識　　　　　　　　　　　　　　　　　　　ⓐ＞ⓑ
　　ⓐ割引前キャッシュフロー総額＜ⓑ帳簿価額

④減損損失の測定　　　　　　　　　　　　　　　　　　　ⓒ＞ⓓ
　　ⓒ回収可能価額＜ⓓ帳簿価額

減損処理　　　　　　　　　　　　　　　　　　　　　減損処理不要

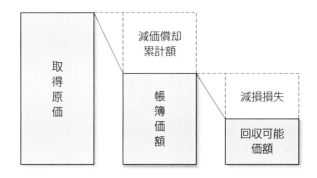

取得原価　／　減価償却累計額　／　帳簿価額　／　減損損失　／　回収可能価額

③ 現在価値

　前述のように，回収可能価額は正味売却価額と使用価値の高い方に決定されます。使用価値は，将来キャッシュフローの現在価値です。この現在価値は，将来キャッシュフローを割引率で割引くことで計算されるので，割引現在価値ともいいます。

　たとえば，ここに２つの資産があるとします。１つは，本日中に 10,000 円のキャッシュ・イン・フローを生み出すものであり，もう１つは１年後に 10,000 円のキャッシュ・イン・フローを生み出すものです。この２つの資産を比較した場合，前者の方が後者よりも経済価値が高いはずです。これは，本日中にキャッシュ・イン・フローがあれば，そのキャッシュを安全な運用先に投資することができ，それによって１年後には 10,000 円をそれ以上に増やすことができるからです。具体的には，10,000 円のキャッシュ・イン・フローがあり，すぐに利子率が５％の定期預金に預けた場合，１年後には 500 円のキャッシュ・イン・フローが手に入ります。つまり，現在 10,000 円の価値があるものは１年後には利息を含めた 10,500 円の価値となり，１年後の 10,000 円よりも価値が高いことになります。

　このような利子の概念に基づく貨幣の時間価値を考慮し，将来のキャッシュフローを現在の価値に修正するのが割引現在価値となります。計算例を示すと，１年後に 10,000 円のキャッシュを手に入れるためには，利子率が５％と仮定した場合，現時点でいくら投資をすればよいかというと，次の計算から求められます。

$$\frac{10,000}{(1+0.05)} \fallingdotseq 9,524$$

　つまり，約 9,524 円の投資をすれば，１年後に 10,000 円を手にすることができます。この時の 9,524 円が現在価値となります。

　上記では，１年間の例で計算しましたが，次に期間が１年以上になった場合の割引現在価値の計算をしてみます。３年間，毎年 10,000 円の将来キャッシ

ュ・イン・フローが見積られるとし，利子率が5％とします。この資産の割引現在価値計算は**図表10−2**のようになります。会計上，このような割引現在価値による評価は，減損会計，リース会計や退職給付引当金などで利用されます。

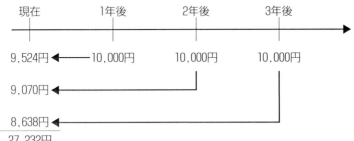

図表10−2　割引現在価値計算

1年後のキャッシュ・イン・フローの現在価値： $\dfrac{10,000}{(1+0.05)} \fallingdotseq 9,524$

2年後のキャッシュ・イン・フローの現在価値： $\dfrac{10,000}{(1+0.05)^2} \fallingdotseq 9,070$

3年後のキャッシュ・イン・フローの現在価値： $\dfrac{10,000}{(1+0.05)^3} \fallingdotseq 8,638$

将来キャッシュ・イン・フローの現在価値＝9,524＋9,070＋8,638＝27,232

第11章
負債の会計

❶ 負債の定義と分類

　負債は，過去の取引あるいは事象の結果として，将来に経済的資源を犠牲にしなければならない現在の義務，つまり企業が外部の第三者に対して負っている債務をいいます。しかし，会計では，法的債務以外に損益計算を適正に行うための未払費用や前受収益，さらに負債の性質を持つ引当金が含まれます。

　貸借対照表では，借方に資産が表示され，企業資金の運用形態を明示しています。一方，貸方の負債および純資産は，企業資金の調達源泉をあらわしています。この企業資金の調達源泉のうち，企業外部の債権者から調達したものが負債です。したがって，負債は株主が拠出した自己資本に対して，他人資本ともいいます。

　負債は，**流動負債**と**固定負債**に分類されます。分類基準は，資産と同様に営業循環基準と1年基準です。流動資産は，営業過程にあり，営業循環基準によって分類される支払手形や買掛金などの仕入債務と，決算日から起算して1年以内に弁済期限の到来する短期借入金や未払金などのその他の債務から構成されています。前受金は金銭で弁済する金銭債務ではなく，財やサービスの提供で弁済する物的債務であると考えられています。また，引当金のうち賞与引当金や修繕引当金は流動負債に分類されます。固定負債は弁済期間が決算日の翌日から1年を超える営業外債務です。固定負債には，社債や長期借入金，退職給付引当金などの長期の引当金が含まれます（図表11－1）。

図表11－1　負債の分類

流　動　負　債	支払手形・買掛金・未払金・前受金・短期借入金・未払費用・前受収益・未払法人税・修繕引当金など
固　定　負　債	社債・長期借入金・退職給付引当金・特別修繕引当金など

② 社債の会計

　株式会社では，外部の人々から，多額の資金を長期にわたって借入れ，債券を発行して資金調達を行うことがあります。この債券を**社債**といいます。社債は，一定の期限を定め，額面に記載された額面金額の返済を約束した長期の債券です。負債である社債は株式と違って，一定の利息を支払って，償還期日までには償還しなければなりません。

　社債の発行形態には，平価発行（発行価額が額面金額に等しい），割引発行（発行価額が額面金額を下回る），打歩発行（発行価額が額面金額を上回る）などがありますが，割引発行が一般的です。社債発行のために要した費用を社債発行費といいます。社債発行費を繰延資産として計上した場合は，継続適用を前提として，社債の償還期間にわたり毎期均等に償却します。また，社債によって払込まれた金額と額面金額に差額がある場合は，発行時に払込金額で社債を計上し，その後は時間の経過に従って，その差額を償還期日まで，一定の方法（償還原価法，利息法など）で社債利息として割当て，償還日には，社債額が債務額と等しくなるように処理しなければなりません。

　社債の償還には，償還期日が来た時に償還する満期償却と償還期日前に償還する随時償却があります。社債の償還には，多額の資金が必要となるため，その資金を準備する必要があります。その方法には以下のようなものがあります。

　　①減債基金を設定する方法
　　②減債積立金を設定する方法
　　③①および②を併用する方法

　減債基金とは，社債償還に必要な金額を資産として毎期一定額を計上する方法を採用した場合の当該資産のことです。通常は，この減債基金を定期預金や金銭信託などに投資することになります。減債積立金とは，毎期利益処分時に，繰越利益剰余金の一部を社債の償還に備えて積み立てる方法をとった場合の積立金のことです。両者を併用した場合は，減債基金に生じる利息相当分なども，

利益処分の時に減債積立金に繰入，減債基金と減債積立金を同額にする必要があります。

3　引当金の会計

　引当金とは，将来の資産の減少に備えて合理的な見積を行った金額のうち，当期に負担しなければならない金額を費用もしくは損失に計上するために，相手勘定として生じる貸方項目です。引当金を設定する目的は，当期の収益に対応することによって，適正な期間損益計算を行うためです。また，企業の資産価額の減少額を見積計上することで，当該資産の決算日の貸借対照表価額を明らかにします。「企業会計原則」の注解18では，引当金の設定要件を以下のように定めています（**図表11－2**）。

　①将来の費用または損失であること。
　②その発生が当期以前の事象に起因すること。
　③発生の可能性が高いこと。
　④その金額が合理的に見積ることができること。

　引当金のうち，貸倒引当金は，貸付金や売上債権などの金銭債権について，将来回収不能となると予想される金額を見積って，当期の費用とする場合に発生する貸方項目です。貸倒引当金は評価性引当金で，貸付金や売上債権から控除される形で表示されます。この評価性引当金とよく似たものに，減価償却累計額があります。減価償却累計額は，固定資産に対して計上された減価償却費を累計したもので，将来の費用の発生ではありません。また，貸倒引当金以外

図表11－2　引当金の分類

評価性引当金	貸倒引当金	売上債権からの控除項目
負債性引当金	修繕引当金など	流動負債
	退職給付引当金 特別修繕引当金など	固定負債

のものは，負債性引当金と呼ばれています。このうち，修繕引当金以外は，条件付債務です。条件付債務とは，一定の条件が満たされた場合に債務が確定するものをいいます。

4 退職給付会計

　企業の従業員の退職時および退職後に支払われる給付を**退職給付**といいます。退職給付には，従業員が退職時に一括して受け取る退職一時金と，退職後に一定期間あるいは生涯にわたって一定の金額を分割して受け取る企業年金があります。「退職給付に係わる会計基準」では，退職一時金と企業年金を一括して退職給付とすることを定めています。これは，退職給付が一時金支給あるいは年金支給などの支給方法や，企業内引当あるいは企業外積立などの積立方法に関わらず，すべて退職給付引当金として，包括的に会計処理することを定めるものです。退職給付引当金は基本的に次のような計算式で求められます。

退職給付引当金＝退職給付債務－年金資産

　退職給付債務とは，将来，従業員が退職した時に支払う金額のうち，当期までに生じている部分を現在価値に修正した金額です。また，年金資産とは企業の年金制度に基づいて，退職給付に充当するために積み立てられた資産のことです。退職給付債務および年金資産は以下のような手順で計算されます。

①従業員の退職率，昇給率，死亡率を考慮して退職時に見込まれる退職給付総額を見積り，退職時点の現在価値である退職給付見込額を算定します。
②退職給付見込額を勤務期間に配分して，当期までに発生している退職給付見込額を確定します。
③この退職給付見込額を一定の割引率で現在価値に割り引いて，退職給付債務を計算します。
④年金資産は時価で測定されます。

　また，「退職給付に係わる会計基準」では，退職給付について，基本的に勤

務期間を通じた労働の提供にともなって発生するものとしてとらえ，その発生した期間に費用として認識するものとしています。これは，全勤務期間の労働の対価を予測計算することになるので，保険数理上の仮定に基づいた計算が必要になります。さらに，積立不足額を負債として計上し，年金資産，年金負債に関する詳細な情報を貸借対照表の注記によって開示することになります。

5 偶発債務

　偶発債務とは，現時点では確定した債務となっていないが，将来，一定の条件が満たされた場合に確定債務に転化する可能性のある債務のことです。手形の裏書，手形の割引，債務の保証，商品の補償，係争事件の損害賠償など，将来，確定債務となる可能性のある債務です。たとえば，他人の債務の保証を行った場合，債権者に対する弁済義務を記録するために対照勘定を用いて，保証債務見返勘定の借方と保証債務勘定の貸方に記入します。この債務が解消した場合には，対照勘定の反対仕訳をして相殺します。決算日に保証債務がある場合は，貸借対照表に注記します。

　また，偶発債務の損失に対する引当金の設定を行うことがあります。その場合でも引当金の設定要件を満たさなければなりませんので，損失の発生の可能性が高く，その発生原因が当期以前にあり，合理的な金額の見積りができる場合です。

第12章
純資産の会計と株主資本等変動計算書

 ## 1 純資産の部

　純資産とは，資産総額から負債総額を差し引いた額のことで，貸借対照表の資産，負債に属さない項目のことです。

純資産の額＝資産総額－負債総額

　また，純資産は企業が経営活動に用いる資金のうち，当該企業に属する部分であるので，自己資本ともいいます。これに対して負債は他人資本といい，両者をあわせて総資本といいます。

資産総額＝負債総額＋純資産の額
総資本＝自己資本＋他人資本

　純資産の部は，株主資本とそれ以外の項目で構成されています。株主資本は，企業の所有者である株主に帰属する部分で，株主が払い込んだ資本金と資本剰余金，企業が利益を留保した利益剰余金，自社が発行した株式を所有した自己株式に大別されます。株主資本以外の項目には，評価・換算差額と新株予約権があります（図表12－1）。

　株主資本は資本金，資本剰余金，利益剰余金，自己株式に区別されます。資本金は，企業の設立や増資の際に，株主から払い込まれた金額です。会社設立後，資本金を増加させることを**増資**といいます。この増資には実質的増資と形式的増資があります。新株の発行などにより，資本金を増加させるとともに，純資産も増加させることを実質的増資といいます。これに対して，資本準備金やその他資本剰余金などを資本金に組み入れて，純資産の増加を生じないで，純資産の構成を変えて資本金を増加させることを形式的増資といいます（図表12－2）。また，株主総会の決議によって資本金を減少させることができま

図表12-1　貸借対照表純資産の部

純資産の部	
株主資本	
資本金	×××
資本剰余金	
資本準備金	×××
その他の資本剰余金	<u>×××</u>
資本剰余金合計	×××
利益剰余金	
利益準備金	×××
その他利益剰余金	
事業拡張積立金	×××
別途積立金	×××
繰越利益剰余金	×××
利益剰余金合計	×××
自己株式	<u>△×××</u>
株主資本合計	×××
評価・換算差額等	
その他有価証券評価差額金	×××
繰延ヘッジ損益	△×××
土地再評価差額金	<u>×××</u>
評価・換算差額等合計	×××
新株予約権	<u>×××</u>
純資産合計	<u>×××</u>

す。これを**減資**といい，資本準備金やその他資本剰余金の増加や欠損の補填を行います。

　企業の設立時あるいは増資を行った場合，株式の払込金額の全額を資本金とするのが原則ですが，払込金額の1/2を超えない額を資本金に計上しないことができます。この金額を株式払込剰余金といい，資本準備金とします。資本準備金には，これ以外に合併による資本取引から生じ，会社法によって積立が

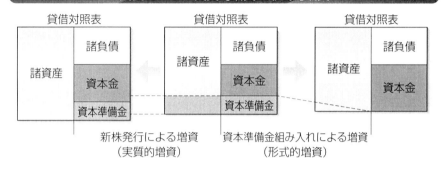

図表12－2　実質的増資と形式的増資

| 貸借対照表 | 貸借対照表 | 貸借対照表 |

諸資産　／　諸負債・資本金・資本準備金

新株発行による増資
（実質的増資）　　資本準備金組み入れによる増資
（形式的増資）

強制されているものがあります。合併時には合併会社は被合併会社の資産および負債を引き継ぎ，被合併会社の株主に対して，株式や金銭（合併交付金）を交付します。合併によって引き継いだ純資産の時価総額に対して，合併会社が交付した株式の発行時価総額や合併交付金のうち合併後に資本金に計上しない額を合併差益といい，資本準備金もしくはその他資本剰余金に計上します。また，企業が自己株式を売却するにあたって，取得価額よりも高い金額で売却した場合，その差額は利益と区別してその他資本剰余金に計上します。

　株主が企業に払い込んだ資本金や資本準備金に対して，利益剰余金は企業が獲得した利益をその源泉としています。利益剰余金には，利益準備金とその他利益剰余金があります。利益準備金は，企業が株主に対して配当する配当額の1/10を留保したものです。これは，企業基盤の安定を目的として会社法に定められています。またこの積立は，利益準備金と資本準備金の合計額が資本金の1/4に達するまで行うことができます。

　その他利益剰余金は，企業が自主的に内部留保した任意積立金と，処分未定の繰越利益剰余金で構成されています。任意積立金は，株主総会の決議によって積み立てられたもので，法律的に強制されたものではありません。具体的には，社債の償還資金を準備するための減債積立金などがあります。減債積立金のように目的を特定した積立金だけでなく，目的や使途を特定しない積立金があります。これを別途積立金といいます（図表12－3）。

　企業は，株主総会において自己株式の取得，株式数および取得期間などの事

図表12-3　任意積立金の種類

特定の目的がある	減債積立金	社債の償還資金を準備するもの。
	配当平均積立金	毎期一定の配当のために準備するもの。
特定の目的がない	別途積立金	特定の目的がなく，利益を留保するもの。

項を決議することができます。自己株式の取得は実質的に資本の払い戻しと同様です。したがって，取得した自己株式は，取得原価をもって純資産の部の株主資本から控除し，期末に所有する自己株式は株主資本の末尾に，自己株式として一括控除されることになります。

　評価・換算差額等には，市場価格のあるその他有価証券の評価差額や，繰延ヘッジ損益のように，資産あるいは負債を時価で評価した場合，評価差額を損益計算書で認識しないときに発生する勘定，あるいは，為替換算調整勘定が含まれます。この為替換算調整勘定は，個別財務諸表では計上されません。

　会社法は，新株予約権について，株式会社に行使することによって当該株式会社の株式の交付を受ける権利であると定めています。つまり，株式会社は，新株予約権者が株式会社に対して権利の行使を行ったときは，新株の発行もしくは自己株式の移転の義務を負うことになります。新株予約権は権利行使時の株式を特定の価額で購入できる権利ですから，権利行使が確定するまでは，株主資本として計上できません。したがって，株主資本とは区別して純資産の部に計上します。

② ストック・オプションの会計

　ストック・オプションとは，企業が取締役や従業員に対して，一定の価額で当該企業の株式を取得する権利を付与し，取締役や従業員は，将来，株価が上昇した時点で権利行使を行い，当該企業の株式を前もって決めておいた価格で取得し，売却することによって株価上昇分の報酬を得るという制度です。ストック・オプション制度は，第1に，従業員等の利益が株価の上昇と連動しているため，企業の業績向上への貢献等のインセンティブとしての効果が期待でき

ます。第2に，権利付与による報酬は株価に連動しているため，企業のコストになりません。第3に，ストック・オプションによる従業員等へのインセンティブは，人材確保や人材流失防止の効果があるといわれています。第4に，このインセンティブによって企業業績が向上し，企業の株式価値の上昇が既存株主にとって有益な効果があるといわれています。

　ストック・オプションは，将来，自社の株価が上昇して権利が行使されると，権利行使日の株価よりも低い権利行使価格で株式を発行しなければならない義務を負います。したがって，ストック・オプションは，潜在株式として位置づけられるため，資産の部に計上されます。また，「ストック・オプション等に関する会計基準」では，ストック・オプションの公正評価額を見積ることによって，勤務期間にわたって報酬費用を計上することが規定されています。毎期の費用計上額は，ストック・オプションの公正評価額全体のうち対象勤務期間などを考慮して，当期に発生したと認められる額となります。なお，ストック・オプションの公正評価額は，以下の式で求められます。

ストック・オプションの公正評価額＝公正な評価単位×ストック・オプション数

　公正な評価単位とは，市場価格に基づく価額ですが，通常，ストック・オプションは譲渡不可能で，市場価格が存在しないため，ブラック・ショールズ式などの株式オプション価格算定モデルが必要となります。ストック・オプション数は，権利不確定による失効の見積額を控除して算定されます。

　また，ストック・オプションを従業員に付与した場合，原則として費用（株式報酬費用）を計上し，相手勘定は新株予約権として純資産の部に計上します。ストック・オプションの権利行使に対しては，新株を発行する場合は，新株予約権として計上した金額のうち，権利行使に対応する部分を資本金あるいは資本準備金に振り替えます。自己株式の取得原価と，新株予約権の帳簿価額および権利行使にともなう払込金額との差額をその他資本剰余金に計上します。

③ 株主資本等変動計算書

　株主資本等変動計算書は，貸借対照表純資産の部で表示される各項目の期末残高について，期中にどのような変動をして期末残高になったのかを明示する計算書です。会社法は，株式会社における株主総会もしくは取締役会の決議によって資本剰余金を分配することが認められています。その結果，貸借対照表と損益計算書からだけでは株主資本の数値の連続性を把握することが難しくなりました。これに対応するために株主資本の変動を明示する計算書が必要となりました。株主資本等変動計算書は，貸借対照表純資産の部における一定期間の変動のうち，主として株主に帰属する株主資本項目の事由を報告するために作成されます。

　株主資本等変動計算書の表示区分は，貸借対照表資産の部の表示に従って区分表示されています。なお，株主資本等変動計算書と貸借対照表および損益計算書の関係を示したものが**図表 12 − 4** です。

図表12-4　株主資本等変動計算書と貸借対照表および損益計算書の関係

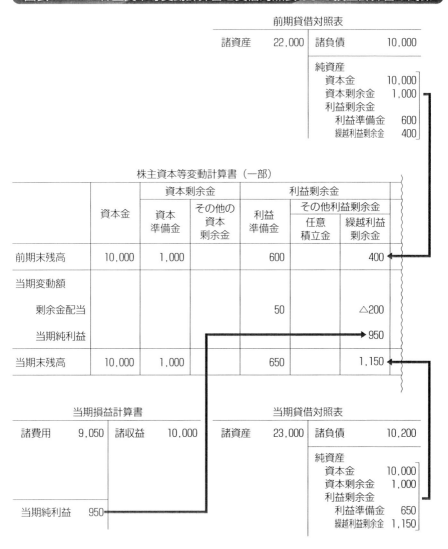

前期貸借対照表

諸資産	22,000	諸負債	10,000
		純資産	
		資本金	10,000
		資本剰余金	1,000
		利益剰余金	
		利益準備金	600
		繰越利益剰余金	400

株主資本等変動計算書（一部）

	資本金	資本剰余金		利益剰余金		
		資本準備金	その他の資本剰余金	利益準備金	その他利益剰余金	
					任意積立金	繰越利益剰余金
前期末残高	10,000	1,000		600		400
当期変動額						
剰余金配当				50		△200
当期純利益						950
当期末残高	10,000	1,000		650		1,150

当期損益計算書

諸費用	9,050	諸収益	10,000
当期純利益	950		

当期貸借対照表

諸資産	23,000	諸負債	10,200
		純資産	
		資本金	10,000
		資本剰余金	1,000
		利益剰余金	
		利益準備金	650
		繰越利益剰余金	1,150

第13章
連結会計

1 企業集団の構成

　企業は独立した個々の企業として存在するだけでなく，数多くの子会社や実質的に支配する会社を持っています。これらは，企業集団を形成し，グループとして経済活動を行っています。グループ内の企業は法的には独立した存在で，それぞれの財務諸表を作成しています。これを個別財務諸表といいます。しかし，企業集団は支配と従属の関係から，実質的には1つの組織体として経済活動を営んでいます。このような場合，グループ全体の財務諸表を作成し，公表することが経済実態に即したものであると考えられます。このような財務諸表を**連結財務諸表**（Consolidated Financial Statements）といいます。つまり，連結会計とは，企業集団を対象とした会計です。

　企業集団の中核となる企業を**親会社**（parent company）といいます。この親会社が支配する会社や，影響力を持つ会社によって企業集団が形成されています。つまり，企業集団を構成する会社は，親会社の他に**子会社**（subsidiary）と**関連会社**（associates）ということです。

　子会社とは，親会社によって意思決定機関が支配されている会社のことです。親会社がある会社の50％以上の株式を所有していれば，当該会社は子会社となるのは明らかですが，過半数を所有していなくても，取締役会のメンバーのうち，過半数が親会社から派遣されている場合や，親会社の議決権行使に同調してくれるような協力的な株主が多数存在する場合は子会社とされます。つまり，子会社の範囲は持株比率ばかりでなく実質的な支配力がその基準となります。

　「連結財務諸表原則」注解5では，他の会社の意思決定機関を支配している一定の事実が認められる例として，以下の4つを挙げています。

　①議決権を行使しない株主が存在することにより，株主総会において議決権の過半数を継続的に占めることができると認められる場合

②役員，関連会社等の協力的な株主の存在により，株主総会において議決権の過半数を継続的に占めることができると認められる場合

③役員若しくは従業員である者又はこれらであった者が，取締役会の構成員の過半数を継続して占めている場合

④重要な財産及び営業の方針決定を支配する契約等が存在する場合

　また，持株比率の要件を満たす会社であっても，更正会社，整理会社，破産会社等であって，さらに有効な支配従属関係が存在せず組織の一体性を欠くと認められる会社については，子会社に該当しないとされます。

　一方，親会社あるいは親会社が子会社等と協力して，他の会社の経営方針に重要な影響を与えることが認められる場合，当該会社を関連会社といいます。基本的には，議決権株式の20%以上50%以下を所有している会社を関連会社といいますが，20%以下の会社でも，重要な影響を与えている会社については，関連会社とされます。

　子会社の個別財務諸表は親会社の個別財務諸表と合算され，一部を相殺消去して連結財務諸表が作成されます。関連会社に対しては，持分法という会計処理が要求されます。

　持分法とは，投資会社が被投資会社の純資産および損益のうち投資会社に帰属する部分の変動に応じて，その投資額を連結決算日ごとに修正する方法で，関連会社の利益のうち，親会社の持分比率に相応する利益額が連結財務諸表に合算されます。

　連結の範囲について整理すると以下のようになります。

　子会社については，支配力基準が採用され，ある会社が他の会社を支配していると判断されるのは，以下のような場合です。

①他の会社の議決権の過半数を所有している。

②議決権の過半数を所有していなくても，役員の派遣や資金の提供などによって，他の会社の意思決定機関（取締役会や株主総会）を実質的に支配している。

　関連会社については，影響力基準が採用され，関連会社とされるのは，以下のような場合です。

①子会社以外の会社の議決権の100分の20以上を所有している。

②上記の条件以外でも，一定の議決権を有していて，さらに重要な契約など
　によって，財務および営業の方針決定に重要な影響を与えると認められる。

2　連結決算日と会計処理の統一

「連結財務諸表原則」では，連結財務諸表の作成に関する期間は1年とし，
親会社の会計期間に基づき，年1回一定の日をもって連結決算日とすることが
定められています。子会社の決算日が連結決算日と異なる場合，子会社は連結
決算日に正規の決算に準じる手続きで，決算を行う必要があります。また，
「連結財務諸表原則」注解7では，「決算日の差異が3ヶ月を超えない場合には，
子会社の正規の決算を基礎として連結決算を行うことができる。ただし，この
場合には，決算日が異なることから生じる連結会社間の取引に係る会計記録の
重要な不一致について，必要な整理を行うものとする」としています。

「連結財務諸表原則」第三の三によれば，同一環境下で行われた同一の性質
の取引について，親会社および子会社が採用する会計処理の原則および手続き
は，原則として統一しなければならないとしています。在外子会社の場合もこ
の原則が適用されますが，当分の間，在外子会社の財務諸表が国際会計基準あ
るいはアメリカ会計基準に準拠して作成されている場合は，これらを連結決算
手続き上利用することができるとされています。

3　連結貸借対照表の作成

連結貸借対照表は，親会社と子会社の個別貸借対照表をベースとして，同じ
項目を合算し，親会社と子会社の間で生じた取引から生じる項目を相殺消去し
て，作成します。連結貸借対照表の作成にあたって，相殺消去すべき項目は，
以下の2つです。

①親会社と子会社間の債権と債務の相殺消去

②親会社と子会社間の投資と資本の相殺消去

たとえば，子会社の親会社に対する買掛金が1,600万円あれば，親会社は子
会社に対して，1,600万円の売掛金を所有しています。連結決算に際して，こ

の債権と債務を相殺消去します。

　さらに，親会社から子会社への出資がありますので，これを処理します。子会社の貸借対照表の純資産の部には，親会社からの出資額が持株比率に応じて計上されています。資本金および資本剰余金のうち親会社の出資額を除いた部

図表13-1　連結貸借対照表の作成

子会社貸借対照表　　　　　（万円）

諸資産	8,000	親会社買掛金	1,600
		諸負債	2,800
		資本金と剰余金	3,600
		（内訳）	
		親会社持分	2,160
		非支配株主持分	1,440

親会社貸借対照表　　　　　（万円）

子会社売掛金	1,600	諸負債	8,000
子会社株式	2,400	資本金	7,200
諸資産	16,000	剰余金	4,800

　親会社は子会社の株式の60%を所有しています。
　　①親会社買掛金1,600万円と子会社売掛金1,600万円を相殺消去します。
　　②子会社の諸資産と親会社の諸資産を合算します。
　　③子会社の諸負債と親会社の諸負債を合算します。
　　④子会社貸借対照表に記載される純資産のうち親会社持分2,160万円と親会社貸借対照表の子会社株式2,400万円を相殺消去します。この差額240万円は，連結貸借対照表にのれんとして記載します。
　　⑤親会社の資本金と剰余金を連結貸借対照表に掲記します。

連結貸借対照表　　　　　（万円）

諸資産	24,000	諸負債	10,800
のれん	240	非支配株主持分	1,440
		資本金	7,200
		剰余金	4,800
	24,240		24,240

分を**非支配株主持分**（minority interest, 第25章参照）として計上しています。2015（平成27）年4月1日以後開始する連結会計年度から少数株主持分は非支配株主持分に名称が変更されました。また，親会社の貸借対照表には，子会社への出資額が子会社株式として計上されています。子会社の純資産のうち親会社の持分は，グループ内の項目ですから，親会社の貸借対照表に計上されている子会社の株式と相殺消去します。このことを資本連結といいます。この資本連結の時に，相殺の差額が発生した場合，その差額をのれんという項目で処理し，連結貸借対照表に計上します。このこののれんは，原則としてその計上後20年以内に，定額法その他の合理的な方法で償却しなければなりません。ただし，のれんの金額に重要性の乏しい場合には，のれんが発生した期の損益として処理することが認められています。以上の手順について簡単な例示をしたものが図表13－1です。

4　連結株主資本等変動計算書の作成

　連結株主資本等変動計算書は，連結貸借対照表の純資産の部の一会計期間における変動額のうち，主に株主に帰属する部分である株式資本の各項目の変動事由を報告するために作成されます。連結株主資本等変動計算書の作成目的や様式などは，個別の株主資本等変動計算書と同様ですが，連結株主資本等変動計算書では，在外子会社等の外貨換算会計適用時に生じる為替換算調整額と非支配株主持分の項目が計上されます。

5　連結損益計算書の作成

　連結損益計算書は，親会社と子会社の個別損益計算書をベースとして，同じ項目を合算し，企業集団内部で発生した取引から生じる項目を相殺消去して作成します。この連結損益計算書は，1年間の企業集団の経済活動によって生じる利益の源泉がどのようなものであるかを示しています。連結損益計算書の作成にあたって相殺消去すべき項目は以下のようなものです。

　①内部取引の相殺消去

②未実現利益の消去

　親会社が仕入れた商品を，一定の利益を加算して子会社に引き渡した場合，この利益は子会社が企業集団外部に販売しない限り実現していません。したがってこれを未実現利益として控除する必要があります。子会社の期末棚卸高から未実現の利益分を差し引いて，子会社の期末棚卸高を評価した上で，親会社の期末棚卸高と合計して，連結損益計算書に計上します。

　未実現利益の消去方法に関しては，非支配株主持分との関係から，親会社から子会社への売却取引であるダウン・ストリーム取引の場合と，子会社から親会社への売却取引もしくは子会社間の売買取引であるアップ・ストリーム取引の場合とではその処理が異なります。ダウン・ストリーム取引の場合，取得資産に含まれる内部損益はすべて親会社に計上されるので，その全額を未実現損益として消去し，その金額をすべて親会社の持分に負担させるという会計処理になります。一方，アップ・ストリーム取引の場合は，取得資産に含まれる内部損益は子会社に計上されているので，その全額を未実現損益として消去し，親会社の持分と非支配株主持分とにそれぞれの持分比率に応じて負担させる処理方法となります。

　また，連結損益計算書には，連結決算特有の以下のような項目があります。

①非支配株主に帰属する当期純利益

②のれんの償却額

③持分法による投資損益

　非支配株主に帰属する当期純利益とは，子会社の利益のうち少数株主に帰属する利益のことです。したがって，連結決算に際して，少数株主の持分比率に相応する利益を控除します。また，のれん償却額とは，連結貸借対照表の作成にともなって生じたのれんの今期の償却額のことです。

　持分法による投資損益とは，関連会社の業績を連結財務諸表に反映させる際に生じる項目です。連結決算を行う場合，子会社の個別財務諸表と親会社の個別財務諸表は基本的にすべて合算されますが，関連会社の利益に関しては，親会社の持分額のみを利益として連結損益計算書に計上します。これを一行連結という場合もあります。

　以上の手順について，簡単に例示したものが**図表13－2**です。

図表13－2　連結損益計算書の作成

親会社は子会社の株式の60％を所有しています。

親会社，子会社とも期首在庫はありません。

親会社は単価150万円の商品を10個仕入れ，子会社に単価180万円で8個販売しました。子会社はこれを単価250万円で7個販売しました。

なお，のれんは240万円で，20年で償却します。

親会社損益計算書　　　　（万円）

売上高		1,440
売上原価		
期首棚卸高	0	
当期仕入	1,500	
期末棚卸高	300	1,200
当期純利益		240

子会社損益計算書　　　　（万円）

売上高		1,750
売上原価		
期首棚卸高	0	
当期仕入	1,440	
期末棚卸高	180	1,260
当期純利益		490

①連結財務諸表の基本は，1つの組織体として，財務諸表を作成することなので，ここでも，親子間の取引の相殺消去をするということは，＠150万円×10個＝1,500万円を仕入れ，それを＠250万円×7個＝1,750万円で販売したと考えます。

②これで，売上総利益を計算して，そこから少数株主利益490万円×40％＝196万円を差し引きます。

③さらに，のれん償却額240万円÷20年＝12万円を差し引いて当期純利益を計算します。

連結損益計算書　　　　（万円）

売上高		1,750
売上原価		
期首棚卸高	0	
当期仕入	1,500	
期末棚卸高	450	1,050
売上総利益		700
非支配株主に帰属する当期純利益		196
のれん償却		12
当期純利益		492

6 連結キャッシュフロー計算書の作成

　連結キャッシュフロー計算書は，企業集団の一会計期間におけるキャッシュフローの状況を報告するために作成されます。連結キャッシュフロー計算書は，企業集団内の各企業の個別キャッシュフロー計算書に基づいて作成されます。したがって，営業キャッシュフローの区分における直接法および間接法の違いは，個別キャッシュフロー計算書がどちらで作成されているかによることとなります。連結キャッシュフロー計算書では，連結会社間の債権および債務の相殺消去，連結会社間の取引に関わる相殺消去が必要になります。

　また，連結キャッシュフロー計算書は，連結貸借対照表と連結損益計算書から作成することも可能です。この方法では，連結キャッシュフロー計算書は，間接法による作成となります。

　連結キャッシュフロー計算書では，個別キャッシュフロー計算書にはない固有の処理があります。連結キャッシュフロー計算書を間接法で作成する場合，非資金項目ののれんの償却額を税金等調整額前当期純利益に加減する必要があります。また，連結範囲の変動をともなう子会社株式の取得あるいは売却に係るキャッシュフローは投資活動によるキャッシュフローに独立の項目として計上する必要があります。

　連結財務諸表には，次のような有用性があるとされています。第1に連結財務諸表によって，投資家は企業集団の経営状態をよりよく判断でき，第2に親会社の経営者は経営管理に有用な会計情報を入手することができるので連結経営に役立ち，第3に国際的に通用する連結財務諸表を作成することで，外国からの投資を促進することができ，第4に親会社が子会社を利用して行う利益操作を防ぐことができます。しかし，歴史的にこの連結財務諸表を企業が導入する過程をみると，節税効果による誘引が強く意識されています。

第14章
財務諸表分析

① 財務諸表分析

　企業の財政状態や経営成績は貸借対照表や損益計算書などの財務諸表によって表示されます。これらの財務諸表は，第一義的には経営管理目的で使用されますが，貸借対照表や損益計算書に表示された金額を概観するだけでは，企業の現状を把握し，将来性を判断するには不十分です。そこで，経営活動における資金の流動性，財務の安全性，将来の成長性など経営活動の良否を判断できるように活用する必要があります。そのためには，財務諸表に示された金額を一定の方法で分析することが要求されます。これを財務諸表分析といいます。なお，財務諸表の数値だけでなく，他の経営指標を加え，企業経営の総合的な分析を行うことを経営分析といいます。

　財務諸表分析には，企業経営者や管理者が経営管理活動を合理的に行う目的で，必要な資料を提供する内部分析と企業の外部者が行う外部分析があります。外部分析には，金融機関などが支払能力の判断のために行う信用分析と投資家などが収益性や安全性の判断のために行う投資分析があります。

　財務諸表分析の方法には，**実数法**と**比率法**の2つがあります。実数法は，財務諸表に表示されている金額をそのまま用いて分析する方法です。同業他社との比較や1つの項目に関して時系列的に増減変化を分析します。比率法は，財務諸表上の相互関連のある各項目の金額によって比率を求め，これを用いて分析する方法です（**図表14-1**）。

図表14-1　財務諸表分析の方法

比率法	関係比率	財務諸表に記載された特定の項目の金額とそれに関連する項目の金額との割合によって分析します。
	構成比率	構成比率とは総額に対するそれぞれの項目の金額の割合のことで，資産・負債・純資産のそれぞれの総額を100として，各項目の金額の割合によって分析します。
	趨勢比率	ある年度を基準として，当該年度の貸借対照表上の各項目の金額を100%として，それ以降の年度の数値を百分率によって分析します。
実数法	比較貸借対照表	数期にわたる貸借対照表の各項目の金額の増減変化によって分析します。
	比較損益計算書	数期にわたる損益計算書の各項目の金額の増減変化によって分析します。

2 関係比率分析

1 安全性分析

　安全性とは，企業の支払能力や資産・負債・純資産のバランスを示す財務の健全性を示す指標です。

　自己資本比率は，総資本の中で自己資本の占める割合をみる比率です。この比率が高いほど経営は安定しているとされています。この比率が低い場合は他人資本への依存度が高いため，負債に対する利子などの固定費が企業にとって負担になることが考えられます。

自己資本比率＝自己資本÷総資本×100

　固定比率は，固定資産が自己資本でどれだけまかなわれているかをみる比率です。この比率は100%以下が望ましいとされています。固定資産に投下された資金は，回収に長期間必要なので，その資金は返済の必要のない自己資本でまかなうことがよいと考えられます。この固定比率を補完する比率として，固定長期適合比率があります。これは，長期的な資金（固定負債＋自己資本）に対する固定資産の割合を示すもので，長期に使用する資産がどのくらい長期的

な資金でまかなわれているかをはかるものです。

固定比率＝固定資産÷自己資本×100

固定長期適合比率は長期に使用する資産は長期的な資金でという財務管理上の重要な原則を基礎としたもので，比率が100％を超える場合，固定資産が短期的な資金でまかなわれていることになり，健全性が損なわれているといえます。

固定長期適合比率＝固定資産÷（固定負債＋自己資本）×100

負債比率は他人資本である負債と自己資本の割合をみる比率です。この比率は低いほど安全であるとされています。

負債比率＝負債÷自己資本×100

流動比率は企業の短期的な支払能力をはかる比率です。1年以内に支払わなければならない流動負債に対して，1年以内に現金化する流動資産がどの程度あるかを示すものです。流動比率は200％以上が望ましいとされています。また，流動比率が高くても，流動資産の中に棚卸資産の割合が多く当座資産が少ない場合は，短期的な支払能力は必ずしもよいとはいえません。そこで，即時の支払能力を判断するためには，流動資産に対する当座資産の割合を示す当座比率が用いられます。この比率は，一般的に100％以上が望ましいとされています。

流動比率＝流動資産÷流動負債×100
当座比率＝当座資産÷流動負債×100

2　収益性分析

収益性とは，投下した資本に対してどのくらいの利益が得られるかということです。収益性分析は，基本的に企業の業績をはかる指標です。

資本利益率は，資本を運用した結果どのくらい利益を獲得したか判断するのに用いられ，分子の利益と分母の資本に何を用いるかで下記の比率に分けられます。総資本利益率は，企業が経営に利用するすべての資本がどれだけ利益を生み出したか判断する比率です。この際の利益を営業利益でみれば，総資本営業利

益率となり，経常利益でみれば総資本経常利益率となります。一般には企業の収益率を総合的に判断するとされる総資本経常利益率が用いられます。自己資本利益率は株主資本利益率（ROE）ともいわれ，自己資本がどの程度効率的に運用されたかを示しています。各比率とも高い方が収益性は高いと判断されます。

$$総資本利益率＝当期純利益÷総資本×100$$
$$総資本営業利益率＝営業利益÷総資本×100$$
$$総資本経常利益率＝経常利益÷総資本×100$$
$$自己資本利益率＝当期純利益÷自己資本×100$$

　売上高利益率は，売上高に対する利益の割合を示す比率です。分子の利益に何を用いるかで下記の比率に分けられます。売上高総利益率は，売上高に対しどれだけ売上総利益が得られたかを示します。これは，商品そのものが持つ収益力を判断することになります。売上高営業利益率は，企業の営業活動に関連する収益力の判断に用いられ，売上高経常利益率は企業全体の収益力を判断する比率です。いずれも，高いほど企業の収益力が高いことを示しています。

$$売上高総利益率＝売上総利益÷売上高×100$$
$$売上高営業利益率＝営業利益÷売上高×100$$
$$売上高経常利益率＝経常利益÷売上高×100$$
$$売上高純利益率＝当期純利益÷売上高×100$$

　資産回転率は，資産に対する売上高や売上原価の割合を示すもので，固定資産や商品に投下された資本が，一会計期間に何回利用されたかを示しています。この比率には，売上債権（売掛金＋受取手形）回転率，商品回転率，固定資産回転率などがあります。売上債権回転率は，受取勘定回転率ともいい，回転率が高いほど，売上債権の回収が早いことをあらわしています。商品回転率は，販売の能率を示すもので，回転率が高いほど，商品の在庫期間が短いことをあらわしています。固定資産回転率は，固定資産が有効に利用されているかを示すもので，回転率の高い方がよいとされています。しかし，固定資産回転率が高すぎる場合は，設備投資を怠っている可能性があり，その結果企業の競争力が低下するという事態を招く心配もあります。

　1年間（365日）を回転率で割ったものが回転期間（日数）です。365日を売上債権回転率で割ると売上債権の平均回収日数，商品回転率で割ると商品の平均在庫日数が求められます。たとえば，商品の回転期間が15日，売上債権の回転期間が30日とすると，商品を仕入れ，販売し，現金を回収するのに45日かかることがわかります。一般に，固定資産のように回転率が低いものには回転率を，商品や売上債権のように回転率が高いものには回転期間を利用します。

> **売上債権回転率(回)＝売上高÷売上債権**
> **商品回転率(回)＝売上原価÷商品**
> **固定資産回転率(回)＝売上高÷固定資産**

　資本回転率は，資本がどれだけ有効に利用されているかを示すものです。これによって，経営の効率をはかることができます。資本回転率は総資本や自己資本に対する売上高の割合をみる比率です。

> **総資本回転率＝売上高÷総資本**
> **自己資本回転率＝売上高÷自己資本**

3 成長性分析

　成長性とは，企業の発展的な競争力をみる指標です。具体的には，売上高や利益の増加する度合いによってはかります。
　売上高成長率は増収率ともいいます。この比率は前年度からの売上高の伸び率をあらわしています。

> **売上高成長率＝(当年度売上高－前年度売上高)÷前年度売上高×100**

　利益成長率は増益率ともいいます。この比率は当期純利益の前年度からの伸び率をあらわしています。売上高成長率，利益成長率とも短期的な成長性の判断に用いられます。長期的な成長性を判断する場合には，趨勢比率の分析が有効になります。

> **利益成長率＝(当年度純利益－前年度純利益)÷前年度純利益×100**

③ 構成比率分析

　構成比率分析は，構成比財務諸表を作成して行う分析です。構成比財務諸表とは，貸借対照表の資産合計または負債および純資産合計額を基準として，借方および貸方の各項目を百分率で示した構成比貸借対照表，損益計算書の売上高を基準として各項目を百分率で示した構成比損益計算書などのことです。

　構成比財務諸表は，財務諸費用に示された数値を構成比で表示することによって，企業の財政状態や経営成績の特徴や問題点を明示します。さらに，他の項目との比較も容易になり企業の現状を概括的に把握することができます。また，今後の経営計画を策定する際の資料としても有用です。

④ 趨勢分析

　趨勢分析は，基準年度の財務諸表の各項目の金額を 100 として，それ以降の年度の各項目の金額を基準年度による指数であらわすことによって，その傾向を分析する方法です。趨勢分析によって，数期間にわたる同一科目の動向を容易に観察でき，たとえば，自己資本や売上高，利益などの成長性を知ることができます。また，異なる項目を同時に観察することにも役立ちます。

⑤ 比較財務諸表分析

　比較財務諸表は，ある企業の前期と当期の貸借対照表および損益計算書をそれぞれ比較することによって，その増減額を一覧表示したものです。比較貸借対照表や比較損益計算書では，たとえば売上高や買掛金の増減はどうか，また売上高に対する売上原価の増減はどうかなどについて，2期以上の貸借対照表と損益計算書の各項目の金額を比較して，その増減によって財政状態や経営成績の変化を判断するものです。比較財務諸表分析は，各項目の増減の概要を容易に把握し，その増減の特徴や問題点を摘出するのに役立ちます。

第15章 原価管理

1 原価管理の意義

　原価管理（cost management）とは，部門等の管理者が自己の原価責任を効率的に遂行するために，標準原価または目標原価を設定して，原価維持や原価改善を進める経営の業務管理システムです。歴史的には，原価管理は原価低減として，認識されてきました。しかし，現代では，単なる原価低減だけではなく，業務の遂行による原価を標準原価レベルに維持する原価維持と業務の遂行による原価を許容原価の範囲内に抑えるための原価改善を含む概念と考えられています。ここでは，標準原価による原価管理の手法について，説明していきます。

　原価は製品の製造前に算定するか，あるいは製品の製造後に算定するかによって，実際原価と予定原価に分類されます。予定原価は見積原価と標準原価に分類されます。見積原価と標準原価の違いは，その科学性です。標準原価は，財貨の消費量を科学的，統計的調査に基づいて，能率の尺度となるように予定された原価です。

2 見積原価計算と実際原価計算

　見積原価計算は，実際原価計算と同様に古くから存在する原価計算の形態です。商的工業簿記（会計）の機能的限界が見積原価計算や実際原価計算を生み出す要因となりました。その中心は価格設定を目的としています。たとえば，17世紀のイギリスの金属工業などで行われていた原価計算では，価格決定を目的として，見積原価と実際原価を比較するものです。この原価計算は，実際原価を真実の原価と考え，実際原価と見積原価を比較して，見積原価をできる限り実際原価に一致させようとする見積原価計算です。このような見積原価計算

は実際原価計算の記帳と計算を簡素化して早期に価格決定を行おうとするもので，原価見積に一定のマージンを付加して価格を決定するものでした。

実際原価計算は，実際原価で製品の単位原価を算定する原価計算です。イギリス産業革命期の企業では，材料費と労務費による**素価計算**（prime costing）という原価計算が行われていました。特にこの時代の金属工業などでは，経営者が所有者の施設を借りて経営を行う作業場賃借制という形態が多く，また，有形固定資産への投資が相対的に少なかったため，賃金の節約と材料の浪費が管理の中心でした。そこで，素価計算が広く用いられました。しかし，企業の固定資本の絶対的かつ相対的な増加によって，これらに投下された資本の償却と当該製品への賦課計算が必要となってきました。つまり，**製造間接費の配賦**計算が管理上の課題となっていきました。これが実際原価計算を生み出す基盤となっています。

実際原価計算は，費目別計算，部門別計算，製品別計算というプロセスを経て実際原価の分析を行います（第6章参照）。この実際原価計算は，材料および労働の管理や価格設定には有用性がありますが，原価管理には限界があります。実際原価の把握は生産終了後でなければ把握することができませんので，即時的な意思決定資料としては限界があります。また，実際原価は偶発的な原価であって，原価管理の基準とは成り得ないという限界も内在しています。

また，実際原価計算によって製品価格の決定を行った場合，不況期には生産量が減少し，製品単価は上昇します。反対に，好況期は生産量が増大し，製品単価は低くなります。つまり，製品価格の引き下げが必要となる不況期には製品単価は高くなり，製品単位あたりの利益は減少し，目標利益達成のためには販売量の増大が必要となります。ところが，製品価格の引き上げが可能な好況期には，製品原価が低くなるという矛盾が発生してしまいます。一般に，景気循環を前提として，経営者は期間損益計算における利益の平準化をはかります。しかし，実際原価計算の構造は，目標利益達成に対して予見が難しく，この障害となります。

このような状況から，原価管理，特に原価低減に向けた実際原価計算に代わる新たな原価計算技術が要求され，標準原価計算が登場することになります。

③ 標準原価計算

　標準原価計算（standard costing）は，**標準原価**によって製品の原価を計算し，原価管理に役立つ資料を提供するための原価計算です。企業間競争が激化している現在，競争の武器となるのは，価格および原価と品質です。競争での優位性を保つために，できるだけ低い原価で，品質のよい製品を提供しなければなりません。実際原価は，材料価格の変化や作業の不能率などを含む偶発的な原価であるのに対して，標準原価は生産工程での不能率や無駄を排除したもので，これを真実の原価としてとらえ，これに実際原価を限りなく近づけることで，原価管理に有効な手段となります。

　標準原価計算は，**図表15－1**に示すような方法で行われます。

図表15－1　標準原価計算の手順

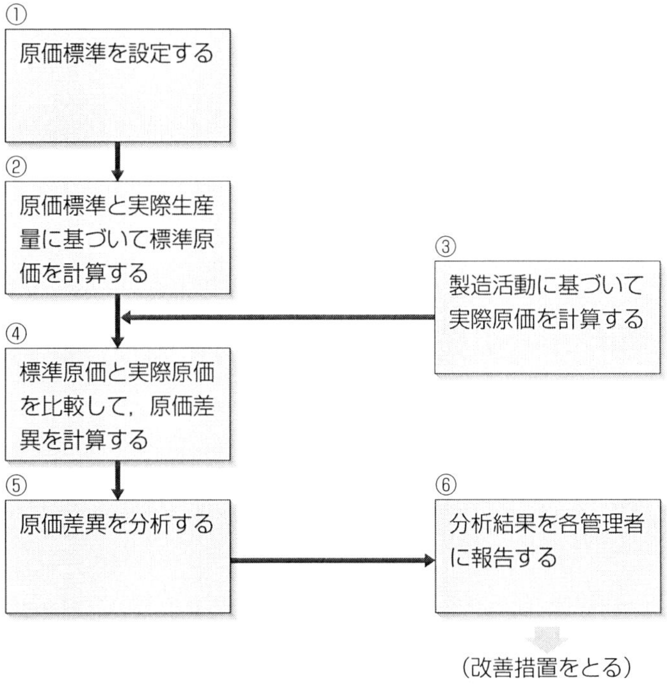

①
原価標準を設定する

↓

②
原価標準と実際生産量に基づいて標準原価を計算する

③
製造活動に基づいて実際原価を計算する

↓

④
標準原価と実際原価を比較して，原価差異を計算する

↓

⑤
原価差異を分析する

⑥
分析結果を各管理者に報告する

（改善措置をとる）

原価標準は，直接材料費および直接労務費，製造間接費に分け，原価要素ごとに科学的，統計的調査に基づいて，主に製品1単位あたりの標準原価として設定されます。つまり，標準原価は，標準直接材料費，標準直接労務費，標準製造間接費から構成されています。これら各原価要素の標準原価は，以下のように算定されます。

1 標準直接材料費

　標準直接材料費は，製品1単位あたりの製造に要する原価標準ですから，直接材料費の標準価格に製品1単位あたりに要する直接材料の標準消費量を掛けて算定します。

標準直接材料費＝標準価格×標準消費量

　標準価格は市場情報や企業内情報などを用いて，できる限り現実に近くなるように予定され，それが正常な購入価格とみなされます。したがって，この標準価格は，購買部門の業績評価の基準として利用されることもあります。標準消費量は，科学的，統計的調査に基づいて決められた予定数量のことです。

2 標準直接労務費

　標準直接労務費は，直接作業に必要とされる標準賃率に，製品1単位あたりに要する直接作業の標準直接作業時間を掛けて算定します。

標準直接労務費＝標準賃率×標準直接作業時間

　標準賃率は，予定賃率または正常賃率で，時間給の場合は，直接作業時間あたりの賃金の標準額，出来高給の場合には，製品1単位に応じた賃金の標準額で示されます。標準賃率は，その作業の難易度や危険度などの要因を考慮して設定されます。

3 標準製造間接費

　標準製造間接費は，標準配賦率に製品1単位あたりの製造に必要な標準直接作業時間や標準機械運転時間などを掛けて算定します。

標準製造間接費＝標準配賦率×標準直接作業時間など

　標準配賦率の決定は次の手順で行います。まず，年度はじめに基準操業度を選定し，この基準操業度を基礎として製造間接費の発生額を見積ります。この見積額のことを製造間接費予算といい，この製造間接費予算を基準操業度で割って製造間接費の標準配賦率を算定します。

標準配賦率＝製造間接費予算÷基準操業度における直接作業時間など

　標準配賦率は製造間接費予算額のうち変動費の予算額を基準操業度で割ることによって求められる変動費率と，製造間接費予算額のうち固定費の予算額を基準操業度で割ることによって求められる固定費率に分けることができます（図表15－2）。

標準配賦率＝変動費率＋固定費率
　　※変動費率＝変動費予算額÷基準操業度
　　※固定費率＝固定費予算額÷基準操業度

図表15－2　標準配賦率

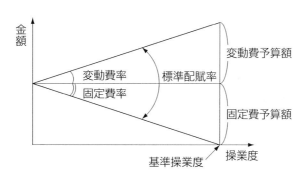

原価差異の算定と分析

　標準原価計算において，標準原価を設定する１つの大きな理由は，標準原価と実際原価を比較して原価差異を算出し，原価差異が発生した部門および責任単位ごとや発生原因ごとに分析することで，標準原価が原価管理に役立つ原価情報を各階層の経営管理者に提供する機能に結びつくからです。

　実際原価計算によって計算された製造費用の実際発生額と，標準原価計算によって計算された作業量に対応する標準原価との差額を原価差異といいます。原価差異は，直接材料費，直接労務費および製造間接費から生じた差異の総額ですので，有効な原価管理のためには原価要素ごとの原価差異を求めて，分析する必要があります。

原価差異＝直接材料費差異＋直接労務費差異＋製造間接費差異

1 直接材料費差異

　当期の作業量に対する標準直接材料費と実際直接材料費との差額を直接材料費差異といいます。直接材料費差異は，材料の種類別に材料消費価格差異と材料消費数量差異に分けて，以下の式によって計算し分析します（図表15－3）。

材料消費価格差異＝（標準消費価格－実際消費価格）×実際消費数量
材料消費数量差異＝（標準消費数量－実際消費数量）×標準消費価格

図表15－3　直接材料費差異

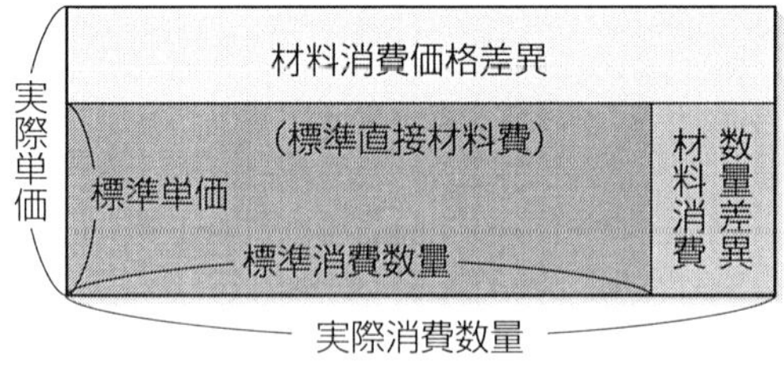

　材料消費価格差異と材料消費数量差異の計算では，標準原価から実際原価を差し引いているため，その結果がマイナスとなった場合は，無駄や不能率が生じたことを示すので，不利差異といいます。その反対に，プラスとなった場合は，有利差異といいます。材料消費価格差異が不利差異となった場合，材料の購入価格が予定価格より高くなったことを示しています。これは，材料の購買部門に責任があると考えられます。また，材料消費数量差異が不利差異となった場合，生産工程での材料の無駄遣いや生産方法の変更などがあったことを示しています。これは製造現場の問題なので，それを排除する施策が必要となります。

2　直接労務費差異

　当期の作業量に対する標準直接労務費と実際直接労務費との差額を直接労務費差異といいます。直接労務費差異は賃率差異と作業時間差異に分けて，以下の式によって計算し分析します（図表15－4）。

賃率差異＝（標準賃率－実際賃率）×実際直接作業時間
作業時間差異＝（標準直接作業時間－実際直接作業時間）×標準賃率

　賃率差異が不利差異となった場合は，賃率の変更があったということを示しています。また，作業時間差異が不利差異となった場合は，生産工程で，作業方法の無駄や作業能率に問題があったことを示しています。したがってこのような無駄や不能率を防ぐ施策が必要となります。

図表15－4　直接労務費差異

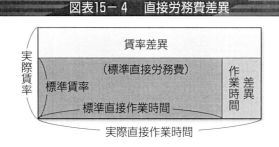

当期の作業量に対する標準製造間接費と実際製造間接費との差額を製造間接費差異といいます。製造間接費差異は，直接材料費差異や直接労務費差異のように製品別に算出し分析されるのではなく，部門別あるいは責任単位別に算出し分析されます。標準製造間接費は変動予算もしくは固定予算として設定されますが，一般には，固定予算が広く用いられます。固定予算を用いた製造間接費差異の計算および分析は，能率差異，操業度差異および予算差異に分けて，以下の式によって算定します。

能率差異 = (許容標準直接作業時間 − 実際直接作業時間) × 標準配賦率

※標準配賦率 = 製造間接費予算 ÷ 標準作業時間

※許容標準作業時間 = (標準作業時間 × 実際生産量) ÷ 標準生産量

操業度差異 = 標準配賦率 × 実際作業時間 − 製造間接費予算額

予算差異 = 製造間接費予算額 − 製造間接費実際発生額

能率差異に不利差異が発生した場合は，生産工程で無駄が多く能率が悪いということを示しています。操業度差異に不利差異が生じた場合は，生産設備を有効に使用していないことを示しています。また，予算差異に不利差異が生じた場合は，各部門で予算の管理が十分にできていなかったことを示しています。

原価差異の分析が行われた後，その結果は，各部門の管理者に報告されます。報告を受けた各部門の管理者は，無駄や不能率を改善するための措置を行い，次期の原価管理のために適切な原価標準を設定することになります。

5 標準原価計算の限界

標準原価計算が有効に機能するためには，大量消費社会に裏打ちされた少品種大量生産に基づく生産環境と，この生産環境において，製造原価に占める直接労務費の割合が高く，作業現場者の能率管理を行うことによって原価管理が行える状況にあることが必要です。しかし，20世紀末には，消費者ニーズの多

様化などにより，生産環境は少品種大量生産から多品種少量生産にシフトし，製品のライフサイクルも短くなりました。このような状況下では，生産様式における FMS（flexible manufacturing system）や CIM（computer integrated manufacturing）の導入が促進され，生産現場の FA（factory automation）化によって，工場の直接作業者が減少する傾向にあります。このような生産環境の変化によって，製造原価に占める直接労務費が減少し，相対的に製造間接費や固定費の割合が増加したために，作業現場における作業者の能率管理による原価管理が有効に実施できなくなっています。また近年，原価管理の対象が研究開発や企画・設計などの段階における原価に移行しつつあり，後述する**原価企画**や**活動基準原価計算**（activity-based costing）などの技法が注目されてきています。

第16章
原価維持

1 原価管理の限界

　伝統的な原価管理では，原価管理の対象は，厳密にいうと「製造現場における製造原価」でした。しかし，原価を低減させる競争が激化し，利益率を圧迫しはじめたために，限界を迎えることになりました。そこで，管理の対象を「製造原価」だけでなく「全社的なコスト」に広げる必要が出てきたため，部門を超えてコストの管理をする必要が生じました。

　製品の原価を管理するためには，製品を製造するために発生する原価を計画し，計画した原価どおりに製品が製造されるように業務活動を監督することによって，原価の発生を抑えていくことが有効です。このように，原価管理には，原価の発生を計画する局面である**原価計画**（cost planning）と，原価の発生を統制する局面である**原価統制**（cost control）が含まれます。

2 コスト・マネジメント

　現在，原価管理は，原価計画と原価統制の双方を内容とする**コスト・マネジメント**（cost management）を指すようになりました。コスト・マネジメントとは，**原価低減**（cost reduction）を図り，引き下げられた基準に一致するように実際の原価の発生を抑えていく原価管理活動です。原価低減は，利益管理の一環として，製品を製造するための生産諸条件を改善することにより，利益計画で設定された目標利益の達成を目指して計画的に基準となる原価それ自体の引き下げを意味します。コスト・マネジメントでは，原価計画の局面を含み，生産諸条件および基準となる原価は，原価低減によって計画的に見直されていくことになります。この点が，原価計画に特化した伝統的な原価管理との大きな違いです。

　従来，コスト・マネジメントといえば，**コスト・コントロール**が主流でした。コスト・コントロールとは，製造現場において製品を製造するための生産諸条件（製品の仕様・品質，使用材料，製造方法，製造設備など）を一定として計画した原価の発生額を基準とし，この基準となる原価に一致するように実際の原価の発生を抑えていく原価管理活動のことを指します。

　コスト・マネジメントにおいて，これを全社的に行うための管理手法が原価維持となります。

③ 原価維持

　原価維持は，1956 年にトヨタ自動車工業（現・トヨタ自動車）で導入が完了した標準原価管理ないし予算管理に基づいて展開された原価管理活動です。原価維持とは，製品の目標原価，既存製品の予算原価ないし標準原価を，発生する場所別，責任者別に割り当て，それらの発生額を一定の幅の中に収まるように，伝統的な**標準原価管理**および**予算管理**によって管理することを指します。

　原価維持の目的は，原価計画を通じて設定された基準となる原価（目標原価や予算原価，標準原価）を達成し，その状態を保つことで実際の原価の発生を一定に維持することにあります。それゆえ，原価維持は，コスト・コントロールに位置づけられます。

　原価維持では，製品の製造段階で，実際の原価を基準となる原価に一致させるよう業務プロセスを是正する活動が行われます。その際，標準原価管理や予算管理，インダストリアル・エンジニアリング（IE）などの手法が用いられます。原価維持は，原価低減や原価引き下げと同様に，標準原価計算によるコスト管理を，原価標準の設定，実際原価の測定，実際原価と標準原価の差異計算，差異発生の原因究明，差異発生原因の除去と是正活動という手順で行います。

　現代の生産環境においては，コスト・コントロールとしての原価維持を行うだけでは不十分です。たとえば，競合他社との競争により，製品の品質や機能を高めても，価格は短期間で下落していく傾向にあり，それにあわせてコスト・ダウンを行っていく必要があるからです。このような状況の変化に迅速に

適応するため，現代の原価管理では，戦略的コスト・マネジメントが主流となっています。

4 カイゼン・コスティング

　原価維持は，製造現場で標準原価を利用し，原価の発生額を抑えていく原価管理活動です。**カイゼン・コスティング**とは，標準原価を利用できない企業において利用される原価管理の方法です。標準原価計算は，煩雑なため，利用できない企業もあります。そのような企業では，製造現場において改善すべき活動に焦点を当て，原価低減目標を定めて，それを達成するというカイゼン・コスティングという活動を継続的に行っていくことで原価管理活動が可能となります。

　さらに，カイゼン・コスティングとは，一般に，原価を改善することを意味しており，原価管理活動である**原価改善**と原価計算であるカイゼン・コスティングとが渾然一体となっていることを示しています。原価改善には，大別して2つのものがあります。1つは期別・部門別の原価改善であり，もう1つはプロジェクト別・製品別の原価改善です。

　期別・部門別原価改善は，短期利益計画における目標利益を達成するために，予算管理の一環として，毎期継続して各部門に指示される原価改善であり，原価維持を内包し一体となって行われます。したがって，カイゼン・コスティングは，原価維持と原価改善の両方に関わる計算方法です。

　期別・部門別原価改善の手続きは，①目標原価改善額の設定，②目標原価改善額の割当，③現場における改善活動（目標原価改善額の達成活動），④実際原価改善額の計算，⑤原価改善差異の測定（目標原価改善額と実際原価改善額の差額の計算），⑥原価改善差異の部門別・費目別分析，⑦経営管理者への報告という段階から構成されています。この手続きのうち，カイゼン・コスティングは，③現場における改善活動（目標原価改善額の達成活動）を除く，すべての段階に適用されます。したがって，カイゼン・コスティングは，原価維持と原価改善をつなぐ役割があり，原価改善活動を展開できない企業は，原価維持の代わりにカイゼン・コスティングを用いることで，コスト・マネジメントを行うことが可能となります。

第17章
原価改善

1 コスト・マネジメントの限界と戦略的コスト・マネジメント

　現在は，1962年に制定された「原価計算基準」に準拠している原価計算システムが前提としている環境が，大幅に変化しました。そのため，原価計算システムが，環境の変化にともなわず陳腐化してしまいました。現在は，多品種少量生産が常態化し，さらに製品ライフサイクルが短命化しつつあるため，苦労して設定した原価標準が有効である期間も短縮化してしまいます。以前は，少品種大量生産で，その製造原価は，製品に直接賦課できる直接費が製造原価の大半を占めていました。しかし，近年，多品種少量生産となり，配賦計算をともなう間接費が増大してきました。コストを可能な限り下げるコスト競争が限界を迎え，利益率を下げざるを得なくなりました。したがって，企業は，このような状況下からの脱却が必要不可欠となり，管理の対象を製造現場だけでなく全社的に広げることにしました。そこで，従来のような製造原価のみのコスト・マネジメントではなく，全社的なあらゆるコストをコスト・マネジメントの対象とする必要がでてきました。

　図表17−1は，原価管理およびコスト・マネジメントの限界を克服するため，原価管理およびコスト・マネジメントから，**戦略的コスト・マネジメント**への移行をあらわした図です。

　近年のような機械設備を中心とする資本集約的な多品種少量生産体制においては，①消費者ニーズの多様化により，製品・サービスの質や提供するスピードの向上と同時により安い価格が求められる中で，原価を一定水準に維持することだけが目的とされていること，②工場の自動化により，能率や直接労務費の管理の重要性が相対的に低下している中で，それらに管理の重点が置かれていること，③製品ライフサイクルの短縮化および多品種の混流生産により，長期間にわたって一定の生産諸条件を前提とすることが難しくなっている中で，

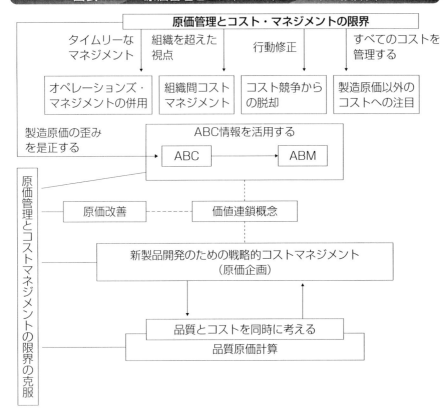

図表17-1　原価管理とコスト・マネジメントの限界図

科学的・統計的な方法による調査に基づいた原価標準の設定が必要とされることなどにより，原価管理における標準原価計算の有効性が失われつつあります。

　このような状況下では，生産様式におけるFMSやCIMの導入が促進され，生産現場のFA化によって，工場の直接作業者が減少する傾向になりました。生産環境の変化によって，製造原価に占める直接労務費が減少し，相対的に製造間接費や固定費の割合が増加したために，作業現場における作業者の能率管理による標準原価管理が有効に実施できなくなってきています。そこで，これらの限界から製造原価の計算に歪みが生じたため，それを是正する措置として

活動基準原価計算（ABC）が登場することになりました。

　また近年，原価の引き下げの限界点が標準原価であった原価維持から，目標値よりもコストを引き下げる原価改善や原価管理の対象が研究開発や企画・設計などの段階における原価に移行していき，**原価企画**も注目されてきています。

　さらに，競争優位性の1つである品質とコストの関係に注目して，管理不能原価を管理可能とした**品質原価計算**も登場することとなりました。このように，原価管理は，コスト・マネジメントへ，さらに，コスト・マネジメントから戦略的コスト・マネジメントへと移行していくこととなりました。

2 価値連鎖

　伝統的な原価管理は，企業における製品の製造過程を主な領域として，その内部効率性を追求することによって管理を行ってきました。つまり，従来の原価管理では，その目的は企業内部の付加価値を増大させることによって，企業利益を極大化することでした。しかし，競争の激化，生産環境の変化など企業を取り巻く経済環境の変化が，製造過程のみの原価管理の限界を浮き彫りにしました。そこで，企業の諸活動の相互関連を考慮した，納入業者から最終消費者に至る価値の創造過程を分析対象とする原価管理の必要性が認識されることとなりました。

　価値連鎖（value chain）とは，原材料の入手から最終消費者のもとに製品およびサービスが届くまでの価値創造過程の連なりをいいます。価値連鎖の過程は，企業内に留まるものではありません。企業は，価値連鎖の一部を担っていると考えられます。つまり，価値連鎖には，企業内部の価値連鎖と企業外部（産業）の価値連鎖があります。**図表17－2**は，その例を示しています。

　価値連鎖の分析では，企業内部の価値連鎖だけでなく，企業外部の価値連鎖も視野に入れて，分析を行います。このような価値連鎖概念は，活動基準原価計算，原価改善および原価企画，品質原価計算といった戦略的コスト・マネジメントのベースとなる考え方です。

　価値連鎖概念の下では，活動基準原価計算や活動基準原価管理は，アクティ

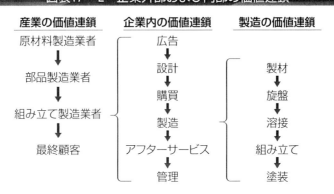

図表17−2　企業外部および内部の価値連鎖

産業の価値連鎖	企業内の価値連鎖	製造の価値連鎖
原材料製造業者	広告	
↓	↓	
部品製造業者	設計	製材
↓	↓	↓
組み立て製造業者	購買	旋盤
↓	↓	↓
最終顧客	製造	溶接
	↓	↓
	アフターサービス	組み立て
	↓	↓
	管理	塗装

ビティを基準とすることで，非付加価値活動を除外でき，かつ生産効率を上げ，より付加価値の創造が可能となります。また，原価改善は，標準原価よりもコストを下げることで生産の効率性を改善させ，付加価値を創造します。原価企画は，製造現場だけでなく，源流管理することで生産の効率性を上げ，付加価値を創造することになります。さらに，品質原価計算は，品質とコストの関係に着目することで，生産の効率性を上げ，付加価値の創造を可能とするものになります。

③　原価改善

　現代の生産環境における標準原価管理の限界を克服するため，戦略的コスト・マネジメントでは，「原価企画」「原価維持」「原価改善」という３つの構成要素からなる体系として構築されています。原価維持は，コスト・コントロール，原価改善は，コスト・マネジメントでの役割が中心となります。

　コスト・マネジメントは，利益管理の一環として，製品を製造するための生産諸条件を改善することにより，利益計画で設定された目標利益の達成を目指して計画的に基準となる原価の低減を図り，加えて，引き下げられた基準に一致するように実際の原価の発生を抑えていく原価管理活動です。

　原価改善とは，1961 年にトヨタ自動車工業（現・トヨタ自動車）でトヨタ

生産方式（Toyota Production System：TPS）を基盤として確立された原価管理活動です。

　原価改善の目的は，現行の基準となる原価を，利益計画で設定された目標利益の達成に向けて継続的に見直し，それによって原価の発生額を不断に引き下げることです。そこで，中（長）期利益計画ないしは短期利益計画で設定された目標利益を実現するために，目標原価改善額を設定し，これを全社の各部門に割り当て，現場の小集団活動などによる徹底的なムダ・ムリ・ムラの排除を通じた継続的改善とそれによる原価低減を推し進め，目標原価改善額ひいては目標利益を達成する活動を実行します。

4　原価維持・原価改善・原価企画の関係性

　原価企画・原価維持・原価改善は，個別に行われるものではなく，それぞれが結びついて一連の総合的な原価管理のシステムを形成しています。

　図表17－3は，原価維持・原価改善・原価企画の関係図です。まず，製品の企画・開発・設計段階において，原価企画が行われます。原価企画では，目標利益の確保を実現可能とする目標原価を目指して，原価の予定発生額のつくり込みを行います。原価の予定発生額が目標原価を達成した場合，これを基準として，製造段階への移行当初において原価維持が行われます。原価維持では，原価の実際発生額が予定発生額を上回らないように，標準原価管理や予算管理で原価の発生をコントロールし，予定額の水準に原価の実際額を維持できるようにします。そして，製造段階において，原価改善が行われることになります。原価改善では，目標利益を確保するための原価の目標改善額を目指して業務プロセスを継続的に改善し，原価維持により予定額の水準に維持されている原価の実際額をさらに引き下げます。最後に，標準化が行われます。標準化では，原価改善によって得られた成果を標準化し，原価維持における新たな基準として組み込んでいくフィードバックを行います。

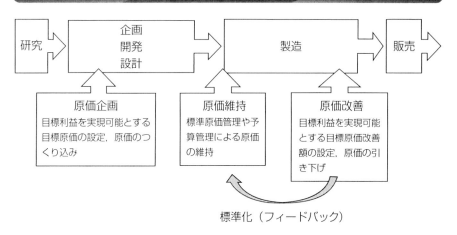

図表17－3　原価維持・原価改善・原価企画の関係図

第18章
活動基準原価計算

活動基準原価計算の意義

　活動基準原価計算（activity-based costing: 以下 ABC）は，経済資源を消費して発生した原価を活動（原価計算の対象）ごとに集計して，集計した原価を製品およびサービスに配賦するという構造を持った原価計算システムです。その前提には，製品およびサービスが活動を消費する原因となり，その活動が経済資源を消費するという考え方が基礎となっています。ABC が新しい原価計算システムとして，登場した背景には，製品製造環境の変化によって，製造間接費の配賦基準として操業度を用いる伝統的な原価計算では，製品の原価構造を正確に把握できないという問題が生じたことがあります。さらに，原価管理の側面では，企業間の競争が激化し，顧客のニーズが多様化し，生産を支援する情報コストの増加などによって，従来の製品原価に重点を置いた原価管理ではなく，製品原価と期間原価をともに関連づけて原価管理を行い，製造領域に限定するのではなく，購買や販売などの管理全般領域を対象とする原価管理が必要になってきました。これは，製品設計や材料購入から，最終消費者に至る**価値連鎖**（value chain）を意識したコストの管理が重要性を増してきたことを意味しています。これらのことが，原価を活動ごとに集計する ABC の前提となっています。

戦略的コスト・マネジメントにおける ABC

　コスト競争が限界を迎え，利益率を圧迫しはじめたためにコスト競争からの脱却が必要となり，製造現場だけでなく全社的なコスト・マネジメントが必要となったため，部門を超えてコストの管理をする必要が生じました。さらに，標準原価管理がコスト・マネジメントにおいて限界が生じたため，新たにオペ

レーションズ・マネジメントによる実態管理手法に移行していきました。これらの限界から製造原価の計算に歪みが生じたため，それを是正する措置としてABC が登場することとなりました。

　伝統的な原価計算システムでは，費目別計算，部門別計算，製品別計算というステップを経て製品別の原価を計算します。この計算方法では，製品という原価計算対象に対して，直接費の発生の仕方が明確に把握できます。しかし，現在では少品種大量生産から多品種少量生産に生産方法が変わり，機械化やCIM の導入など生産環境の変化が進んだため，製造作業に関与する人員が少なくなり，間接費が増大しています。伝統的原価計算での，間接費は「直接作業時間」「機械運転時間」「生産量」を基準として製品別に配賦しますが，製造作業に関与する人員が少なくなっているため，「直接作業時間」を基準とするのは不適切です。さらに，オートメーション化が進み，機械が増えたため，「機械運転時間」を集計することが煩雑になりました。また，「生産量」を基準とする方法は，製造工程が簡素で，かつ1種類の製品しか生産しないような場合においてのみ妥当性を持つため，基準として採用できません。以前は，直接費が製造原価の大半を占めており，間接費が少額だったため，伝統的原価計算システムでの間接費配賦でも支障はありませんでしたが，製造原価を占める間接費の割合が大きくなってきたため，伝統的原価計算システムの限界を克服する計算方法が求められ，ABC が登場するに至ったのです。

3　ABC の基礎概念

　企業の経営管理の主要な要素である意思決定や業績評価を行う場合，原価に関するデータを集計する単位のことを，原価計算対象（cost object）といいます。この原価計算対象は，最終的な製品ばかりでなく，業務プロセスや組織上の単位あるいは流通のチャネル上の区分などで原価集計の必要な単位に設定されます。従来の製品製造原価計算においても，間接費の配賦計算において，部門を中間的な原価計算対象として位置づけています。ABC では，最終的な製品とともに，活動を中間的な原価計算対象として位置づけています。これをコスト・プール（cost pool）といいます。コスト・プールは，原価計算上，間

接費を配分する場合に，間接費を一定基準による分類ごとに集計するための中間的な原価計算対象のことです。ABC では，この活動ごとすなわちコスト・プールに集計された原価を**活動原価**（activity cost）といいます。活動原価は**コスト・ドライバー**（cost driver）によって，製品やサービスに跡づけられます。

　コスト・ドライバーとは，原価を活動に集計する場合，原価を活動から製品やサービスに配分する場合の配賦基準となるものです。上述したように ABC は，二段階で間接費の配賦計算を行います。各活動が消費した経済資源の原価を活動ごとに割り当てるコスト・ドライバーを資源ドライバーといいます。資源ドライバーの例としては**図表18－1**のようなものがあります。

　また，各活動に集計された製造間接費を製品やサービスに跡づけるために利用される基準を活動ドライバーといいます。活動ドライバーの例としては，図表18－2のようなものがあります。

図表18－1　資源ドライバーの例

跡づけ費用	活動	資源ドライバー
資材管理者賃金	保管活動	作業時間
コンピュータ・リース料	設計活動	末端台数
共通部品購入	購買活動	注文処理時間

図表18－2　活動ドライバーの例

活動	活動ドライバー
設計活動	設計時間，設計書枚数など
段取活動	段取時間，段取回数など
資材運搬活動	運搬時間，運搬回数など
品質管理活動	検査時間，試験時間など
部品発注活動	発注回数など

4 ABC の計算構造

ABC の計算過程は，経済的資源を消費する活動に対して原価を跡づけて活動原価を算定し，原価計算対象の活動の利用度に基づいて，活動原価を原価計算対象に割り当てることです。そこで，以下の過程を経て計算が行われます。

①活動の確認
②原価の活動への跡づけ
③コスト・ドライバーの決定
④活動単位あたりの原価の決定
⑤活動原価の原価計算対象への割当

ABC では，これらの計算過程に対応して，間接費の集計を行います。ABC は，活動が経済資源を消費し，製品およびサービスが活動を消費すると考え，製造間接費の配賦を2段階に行うところに特徴があります。この点を示したのが図表18－3です。

ABC の製造間接費の配賦計算について，簡単な例をつかって説明します。

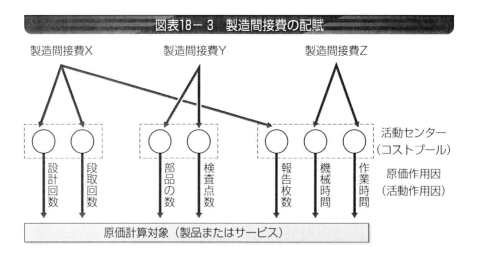

図表18－3　製造間接費の配賦

　XYZ 工業では，これまで製品 A を製造していましたが，近年の顧客ニーズの多様化により，新たに製品 B と製品 C を加え，現在では製品 A，B，C の 3 種類の製造となりました。製品 A と製品 B は，大量生産品であるのに対して，製品 C は，少量生産品です。そこで，原価計算方法の見直しを行い，製造間接費の配賦基準を直接作業時間基準から機械運転時間基準へと変更しました。その結果，製品 A の単位あたり原価は，1,272 円，製品 B の単位あたり原価は，1,322 円，製品 C の単位あたり原価は，1,448 円ということが判明しました。

　しかしながら，XYZ 工業を取り巻く経済環境の変化により，XYZ 工業の原価構造が変化し，今までのような伝統的原価計算では正確な製品原価が計算できないため，原価計算方法を再度見直し，ABC を導入することになりました。導入後，各製品の単位あたり原価を再計算したところ，製品 A の単位あたり原価は，1,150 円，製品 B の単位あたり原価は，1,302 円，製品 C の単位あたり原価は，3,600 円ということが判明しました。この XYZ 工業における ABC 導入にともなう製造間接費の配賦と製品製造原価の計算過程を示すと，**図表 18 － 4** のようになります。

　以上の資料から，まず，伝統的全部原価計算による各製品の単位あたり原価を求めます。次に製造間接費の予定配賦率を求めます。機械運転時間を基準としていますので，以下のようになります。

機械運転時間：
　　$4{,}480{,}000 \div (4{,}000\ 個 \times 1.2\mathrm{h} + 2{,}500\ 個 \times 1.2\mathrm{h} + 250\ 個 \times 0.8\mathrm{h}) = @560\ 円$

　機械運転時間基準による各製品の単位あたり原価は，以下のようになります。

製品 A：$@300\ 円 + @600\ 円 \times 0.5\mathrm{h} + @560\ 円 \times 1.2\mathrm{h} = @1{,}272\ 円$
製品 B：$@350\ 円 + @600\ 円 \times 0.5\mathrm{h} + @560\ 円 \times 1.2\mathrm{h} = @1{,}322\ 円$
製品 C：$@400\ 円 + @600\ 円 \times 1.0\mathrm{h} + @560\ 円 \times 0.8\mathrm{h} = @1{,}448\ 円$

　活動基準原価計算による各製品の単位あたり原価を求めるためには，まず，共通費のコスト・ドライバーと配賦率を求めなければなりません。

〈資料1〉 当期の製造直接費予算

製　　　　品	A	B	C
直 接 材 料 費	300円／個	350円／個	400円／個
直 接 作 業 時 間	0.5時間／個	0.5時間／個	1.0時間／個
直 接 工 賃 金	600円／時	600円／時	600円／時

（直接作業時間には，段取作業時間は含まれない。）

〈資料2〉 当期の予定生産量および機械運転時間

製　　　　品	A	B	C
生 　 産 　 量	4,000個	2,500個	250個
機械運転時間	1.2時間／個	1.2時間／個	0.8時間／個

〈資料3〉 当期の製造間接費予算＝4,480,000円

〈資料4〉 製造間接費4,480,000円のうち，450,000円は各製品に直課できることが判明した。

製　　　　　品	A	B	C	共通
各製品に直課できる金額	50,250円	145,000円	254,750円	－
各製品に共通の金額	－	－	－	4,480,000円

〈資料5〉 コスト・プール資料

コ ス ト ・ プ ー ル	金　　　額
機械作業コスト・プール	2,560,000円
段取作業コスト・プール	200,000円
生産技術コスト・プール	450,000円
材料倉庫コスト・プール	435,000円
品質保証コスト・プール	385,000円
合　　　　　　　　計	4,030,000円

〈資料6〉 コスト・ドライバー資料

コスト・ドライバー	A	B	C
直接材料出庫金額	1,200,000円	875,000円	100,000円
段 　 取 　 回 　 数	50回	25回	85回
機 械 運 転 時 間	4,800時間	3,000時間	200時間
抜 取 検 査 回 数	120回	60回	40回
製品仕様書作成時間	45時間	95時間	60時間

1．機械作業コスト・プール（機械運転時間）：

2,560,000 円÷8,000 時間＝@320 円

2．段取作業コスト・プール（段取回数）：

200,000 円÷160 回＝@1,250 円

3．生産技術コスト・プール（製品仕様書作成時間）：

450,000 円÷200 時間＝@2,250 円

4．材料倉庫コスト・プール（直接材料出庫金額）：

435,000 円÷2,175,000 円＝@0.2 円

5．品質保証コスト・プール（抜取検査回数）：

385,000 円÷220 回＝@1,750 円

次に，各製品への製造間接費配賦額を求めるためには，各コスト・プールの金額と個別費を加算すればよいので，以下のようになります。

	製品A	製品B	製品C
機械作業コスト・プール	@320円×4,800h =1,536,000円	@320円×3,000h =960,000円	@320円×200h =64,000円
段取作業コスト・プール	@1,250円×50回 =62,500円	@1,250円×25回 =31,250円	@1,250円×85回 =106,250円
生産技術コスト・プール	@2,250円×45h =101,250円	@2,250円×95h =213,750円	@2,250円×60h =135,000円
材料倉庫コスト・プール	@0.2円×1,200,000円 =240,000円	@0.2円×875,000円 =175,000円	@0.2円×100,000円 =20,000円
品質保証コスト・プール	@1,750円×120回 =210,000円	@1,750円×60回 =105,000円	@1,750円×40回 =70,000円
各 製 品 の 個 別 費	50,250円	145,000円	254,750円
合　　　　　　計	2,200,000円	1,630,000円	650,000円

そこで，各製品の単位あたり原価は，以下のようになります。

製品A：@300 円＋@600 円×0.5h＋2,200,000 円÷4,000 個＝@1,150 円

製品B：@350 円＋@600 円×0.5h＋1,630,000 円÷2,500 個＝@1,302 円

製品C：@400 円＋@600 円×1.0h＋650,000 円÷250 個＝@3,600 円

5 ABC の有用性と課題

　ABC は，製品の収益性分析や価格決定に有用な情報を提供できます。これ
は，ABC が活動を基準とした間接費配賦計算を行うため，伝統的な間接費の
配賦計算に比べ，製品原価の算定が精緻化され，製品の正確な収益性が明らか
になります。その結果，価格決定やプロダクト・ミックスに際しても有効な情
報が提供できます。また，製品の正確な収益性がわかるため，既存の事業の取
捨選択に対して，有効な資料を提供できる可能性があります。

　ABC は，原価管理の新しい会計情報資料を提供します。ABC は，製造間接
費を部門ではなく，活動に集計するため，活動に対応した合理的な原価管理の
ための資料を提供できる可能性があります。しかし，ABC は万能ではありま
せん。たとえばアメリカの IT メーカーである Hewlett-Packard 社のある部門
が 1990 年代に ABC の導入に失敗しています。この部門では，特定過程のい
くつかの主要活動に対してコスト・ドライバーを設定するのではなく，すべて
の活動に対してコスト・ドライバーを設定することとしたため，非常に煩雑と
なり，コスト・ドライバーの的確性に問題が生じました。また，活動概念の曖
昧さも，問題となります。営業，製造，販売といった活動は非常に包括的な概
念であるため，その対象範囲は広範かつ多様なものです。したがって，ABC
による原価情報の評価が難しいものとなる可能性があります。

第19章
原価企画

原価企画の意義

　原価企画（target costing）とは，製品の開発・製造の源流である企画・設計段階において，顧客ニーズに適合する品質・価格・信頼性・納期等の目標を設定し，上流から下流までのすべての活動を対象として，それらの目標の同時的な達成を図る，総合的利益管理活動です。その際，企画・設計といった源流段階において，企業の関連部門の総意を結集して，原価を作り込むことによって，競争優位の獲得を戦略的な視点から目指すことになります。原価企画は，1960年代に日本の自動車メーカーによって開発された管理会計の技法です。1970年代の石油危機を契機として，自動車以外でも，電機や機械などの組立加工型の企業を中心に普及していきました。その要因となったのは，顧客ニーズの多様化にともなう**製品ライフサイクル**の短縮化や，**FA**（factory automation），**CIM**（computer integrated manufacturing）といった生産システムの変化などです。このような生産環境の変化によって，従来の標準原価計算による原価管理だけでは対応できない状況が起こってきました。標準原価計算による原価管理が有効に機能するためには，少品種大量生産がその前提となります。つまり，比較的安定した生産条件の下で，直接工による反復的な作業によって単一製品を大量に生産するような生産形態においては，生産工程における標準原価をベースにした原価管理が有効に機能します。

　しかし，生産システムの変化によって標準原価がその管理対象としてきた直接工が減少し，生産を支援するためのコストが増大し，間接費の相対的かつ絶対的な増加傾向が顕著となってきました。また，技術革新や製品のサイクルが短縮化してきたため，生産条件が不安定になりつつあります。これらの結果，原価の大半が企画・設計の段階で決定してしまうという状況がもたらされました（図表19－1）。そこで，原価管理の重点を製品開発の源流段階に求める原

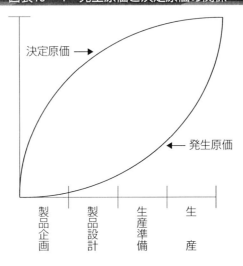

図表19-1 発生原価と決定原価の関係

決定原価 →

← 発生原価

製品企画　製品設計　生産準備　生産

価企画によって，原価管理が行われるようになってきました。

2 原価企画の手順

　原価企画，原価維持，原価改善はそれぞれ，製品の生産プロセスに沿ったものとなっています。原価企画は，製品の企画・開発・設計段階に，原価維持と原価改善は製造段階に，適用される原価管理の方法です。

　原価企画の目的は，製品の企画・設計段階において，市場志向の製品開発，発リードタイムの短縮，品質の維持といった条件を考慮した上で，原価を作り込むことにあります。この目的を達成するために，原価企画活動は，①新製品の企画，②目標原価の設定，③目標原価の機能別・部品別展開，④目標原価の達成という過程を通じて展開されます。原価企画活動の過程で重要な役割を担っている技法がVE（value engineering）という工学的手法です。VEとは，最低のライフサイクル・コスト（製品の開発設計費から廃棄コストに至るまでのすべてのコスト）で，製品あるいはサービスの必要な機能を果たすようにするものです。VEでは，製品あるいはサービスの価値を使用機能に対する価値

として，以下の式であらわします。

　　　　価値＝機能÷コスト

　標準的な VE は，以下のステップでジョブプランが構成されます。

①対象の選定（対象物の選定）
②機能の定義（情報の収集，機能の定義，機能の整理）
③機能の評価（機能別原価の計算，機能の評価）
④代替案の作成（代替案の発想，概略評価と具体化，詳細評価）
⑤提案とフォローアップ（提案書の作成，実施状況の測定）

　原価企画における新製品の企画では，**ゼロ・ルック VE**（zero look VE）を行って，顧客ニーズを反映した製品を企画します。ゼロ・ネック VE とは，製品の企画段階に適用される VE で，製品の基本機能に関わる顧客ニーズについて検討するものです。ここで，製品に必要な機能の概括的な絞り込みが行われます。
　目標原価の設定では，まず，新製品の予定販売価格を設定します。次に，予定販売価格から目標利益を差し引き，許容原価を算定します。

　　　予定販売価格－目標利益＝許容原価
　　　　許容原価（企業管理者から指示された希望原価で，製品単位あたりの
　　　　　　　原価で算定）
　　　　目標利益（一般に，長期利益計画から売上利益率によって算定）

　さらに，新製品の原価見積によって成行原価を算定します。成行原価は，ボトムアップ方式で技術者等が見積る原価です。成行原価は，改善目標が加味されていない現状原価ですが，目標原価のベースとなる原価ですので，改善活動との関係で，機能別，部品別，部門別など段階的に設定されます。許容原価と成行原価には誤差が存在するので，**ファースト・ルック VE**（first look VE）によって調整を行い，目標原価を決定します。ファースト・ルック VE は，製品の設計段階に適用され，設計担当者，研究開発管理者，製造部門管理者など

が会議等を重ね，設計仕様書をもとに原価低減の可能性を探り，成行原価を許容原価に近づけていくものです。その結果，最終的に達成可能で，目標となる原価を目標原価として設定します。

目標原価の設定の方法は，控除方式，加算方式，折衷方式があります。控除方式は，予定販売価格から目標利益を控除した許容費用を目標原価とするものです。すなわち，許容原価を直ちに目標原価とするものです。加算方式は，現行の製品原価に，新たな機能を追加することによって発生する原価を加算し，削除される機能の原価および排除可能な原価を控除することによって，目標原価を設定します。現行の製品がない場合には，類似製品の原価が使用されます。折衷方式は，控除方式による許容原価と，加算方式による成行原価との間で，達成可能な目標原価を設定する方法です。

目標原価の機能別・部品別展開では，製品単位で設定された目標原価をより合理的な原価低減を実行するために，機能別，さらに部品別に分解します。

目標原価の達成段階では，目標原価をもとに標準原価を設定して，標準原価計算による原価統制を行うとともに，**セカンド・ルック VE**（second look VE）によって原価低減活動を行い，目標原価を達成することになります。セカンド・ルック VE は，製造段階で実施される VE で，たとえば，購買部門や製造部門の管理者を中心に，機能低下を起こさずにコストを低減するための材料，製品構成，製造方法の再検討が行われます。

第20章
品質原価計算

 1 **品質原価計算の基礎概念**

　企業が市場で競争優位を得るための武器は，価格と品質です。しかし，品質の向上や維持には多額のコストがかかります。したがって，品質の向上や維持のためのコストは，価格を押し上げ，利益を圧迫する可能性があります。そこで，品質管理のためのコストを管理・統制することが，重要な課題となります。企業内の品質管理活動に関連したコストを**品質コスト**（cost of quality）といいます。品質コストは，通常，**予防原価**（prevention cost），**評価原価**（appraisal cost），**失敗原価**（failure cost）に分類され，集計されます。この方法を，頭文字をとって PAF アプローチといいます。

　予防原価とは，仕様書に適合しない製品の製造を予防するために発生するコストです。予防原価の範囲は，企業の状況によっていろいろありますが，たとえば，品質計画のためのコスト，品質の測定や試験装置の開発および設計に関するコスト，品質訓練のためのコスト，品質データの収集と分析および報告に関するコストなどがあります。

　評価原価とは，仕様書に適合しない製品を，製造前，製造工程，および製造の最終段階で発見するために発生するコストです。つまり，品質要求に対する設計の適合性を確認するために発生するコストです。たとえば，受入材料検査のためのコスト，工程内製品検査のコスト，完成品検査のコスト，品質検査の委託料などがあります。予防原価と評価原価は，企業経営者によって管理が可能なコストであり，PAF アプローチでは，**自発的原価**（voluntary cost）とされています。

　失敗原価は，顧客に非適合製品が引き渡される前に欠陥が発見された時に発生する**内部失敗原価**（internal failure cost）と，顧客に非適合製品が引き渡された後に発生する**外部失敗原価**（external failure cost）に分類されます。内

部失敗原価には，スクラップ，再作業および修繕のためのコスト，再試験およ
び再検査のためのコストなどが含まれます。外部失敗原価には，返品コスト，
製品リコールのためのコスト，製造物責任の結果として生じたコスト，売上損
失などの機会原価などが含まれます。失敗原価は，企業経営者にとって管理不
能なコストですから，PAF アプローチでは，**非自発的原価**（involuntary cost）
として把握されます。

　PAF アプローチは，一種の投資である自発的原価を算定して，その結果とし
て発生する非自発的原価を測定して，品質と原価を管理しようとするものです。
この際，予防原価および評価原価と失敗原価はトレード・オフの関係にあると
されています（図表20 － 1）。

　伝統的な品質原価計算では，図表20 － 1のような概念図に従って，総品質
コストが最も低くなる最適点を見つけ出し，品質水準と品質予算を管理しよう
とするものでした。しかし，1970 年代後半にはいると，高品質と低コストの
両方を同時に達成するための，**全社的品質管理**（total quality management：
以下TQM）が提唱され，品質コストの態様も TQM のもとで，概念図が**図表
20 － 2** のように変化しました。

図表20－ 1　伝統的品質コスト

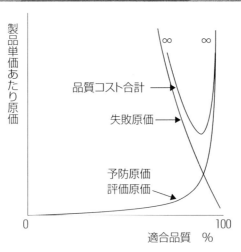

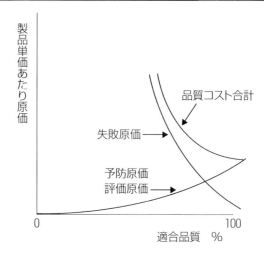

図表20－2　TQMのもとでの品質コスト

　品質コストを分類する目的は，単に品質コストを測定し，報告することにあるわけではありません。むしろ品質改善に役立てることにありますので，この目的を達成するためには，必ずしも，PAF アプローチに限定する必要はありません。しかし，PAF アプローチは，広く企業に受け入れられています。それは，PAF アプローチがさまざまな支出に対する相対的な妥当性を与え，その支出が品質に関連するかどうかの判断基準として，キーワードを提供することができるからです。

2　品質概念

　品質コストの対象となるのは，品質管理および品質改善に関するすべての活動が含まれますが，品質には，**設計品質**（quality of design）と**適合品質**（quality of conformance）という 2 つのフェーズがあります（図表20 － 3）。
　設計品質とは製品を製造する前に，標準として定められた品質のことです。その決定にあたっては，顧客のニーズを中心に，製品のライフサイクル，市場の状況，技術の程度，設備の能力などが考慮されます。設計品質は，製品に対

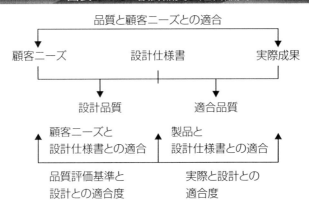

図表20－3　設計品質と適合品質

品質と顧客ニーズとの適合

顧客ニーズ　　　　　設計仕様書　　　　　実際成果

設計品質　　　　　適合品質

顧客ニーズと　　　　製品と
設計仕様書との適合　設計仕様書との適合

品質評価基準と　　　実際と設計との
設計との適合度　　　適合度

する顧客の期待と設計仕様書との間の適合度を意味しています。設計仕様書と
は，品質測定の標準として用いられる仕様書で，日常的に製品品質の評価に利
用されます。したがって，製品設計と顧客ニーズとの適合性の確保に対して重
要な役割を果たすものです。一方，適合品質は，製品品質が設計仕様を基準と
して，仕様書にどれだけ適合しているかを示すものです。つまり，実際の製品
やサービスとその設計仕様書との間の適合度を意味します。品質コストがその
対象とするのは，基本的に適合品質です。これは，1950年代に開発された品質
コストが，当初，製造工程内の品質管理技術者によって提唱されたためです。
しかし，近年の品質概念の拡大やTQMの導入によって品質と原価の関係が重
要視され，品質管理が全社的な活動となるに従って，品質コストの対象も拡大
し，設計品質を含む全社的な企業活動を対象とするようになってきました。ま
た，非製造業においても，品質原価計算が導入されるようになってきていま
す。

3 品質コスト報告書

　品質コスト報告書は，一定組織単位（たとえばセグメント，部門，工場，全
社など）ごとに集計された品質コストを期間的（たとえば週次，月次，年次な

ど）に報告したものです。品質コスト報告書は，品質原価計算の中核をなすものですが，組織単位や報告形式は，企業の環境条件に依存し，その選択は企業に委ねられています。一般には，PAF アプローチを用いた品質コストの分類が行われています。図表20 － 4は，品質コスト報告書の1 例です。

　品質コスト報告書が定期的に報告され，品質コスト情報が蓄積されると，これをもとに品質コスト予算を設定することが可能になります。品質コスト予算

図表20－ 4　品質コスト報告書

	単位（万円）	売上高比
予防原価		
品質計画	100	
品質エンジニアリング	300	
試作設計	100	
計	500	0.25%
評価原価		
検査装置減価償却費	100	
製品試験	400	
工程点検	400	
計	900	0.46%
内部失敗原価		
再検査	200	
再試験	300	
補修	550	
廃棄	150	
計	1,200	0.61%
外部失敗原価		
PL保険	1,500	
製品リコール	18,000	
保証内修繕	5,500	
計	25,000	12.68%
総品質コスト	27,600	14.00%

は，通常，予防原価，評価原価，内部失敗原価，外部失敗原価ごとに編成されます。そして，実際原価が集計され，品質コスト予算差異が計算されます。これが制度化されることによって，予算統制システムが確立します。また，差異分析を行うことによって，品質コスト管理活動の問題点が改善されることになります。

4 品質コスト分析

品質コスト報告書に集計された品質コストは，種々の目的に応じて，比率分析を行います。基本的なものを挙げれば，以下の比率があります。

売上高品質コスト率＝総品質コスト÷売上高

売上高品質コスト率は，市場で競争する他企業の同一比率と比較することになります。この比較によって，自身の企業が負っている品質コストの相対的負担が明らかになります。価格競争が激しくなった場合，売上高品質コスト率は，過度な品質コスト支出を防ぐことができます。

売上高外部失敗原価率＝外部失敗原価÷売上高
売上高予防・評価原価率＝（予防原価＋評価原価）÷売上高

売上高外部失敗原価率は，高品質で他企業と激しい競争が行われている時には，非常に有効な比率です。売上高外部失敗原価率は，現在の顧客満足を示す指標です。競争相手の他企業と比較した場合，この比率が高ければ，顧客の不満足をあらわしています。反対に，競争相手と比較して，この比率が低い場合は，顧客が現在の品質水準にある程度満足していることをあらわしています。また，売上高外部失敗原価率と売上高予防・評価原価率を組み合わせることによって，品質問題の内容が明らかになります。たとえば，売上高外部失敗原価率が高く，売上高予防・評価原価率が低い場合，欠陥品を防ぐための品質管理活動が十分ではないことを示しています。

直接労働時間品質コスト率＝品質コスト÷直接労働時間

設備資産品質コスト率＝品質コスト÷設備資産額

　労働集約的な企業である場合，企業経営者は直接労働時間品質コスト率を使用して，品質管理活動における労働者の成果を評価することができます。また，資本集約的な企業である場合，企業経営者は品質管理上の自社設備の成果測定に，設備資産品質コスト率を利用することができます。

　一般に，企業では，品質コストに占める失敗原価の割合は高くなります。しかし，予防および評価活動への投資は，失敗原価を減少させることになります。たとえば，予防活動の重要性は広く認識されていますが，その投資水準や投資の時期など，意思決定上，難しい問題となっています。このような場合，品質コスト分析が意思決定の助けとなります。

5 品質原価計算の限界

　品質コスト情報は，企業経営者の品質管理活動に対する意思決定をサポートしますが，品質コストそれ自体が品質問題を解決するわけではありません。したがって，品質改善や品質管理の具体的な方策を示唆するわけではなく，品質コスト情報はTQMや品質サークルなどの品質管理活動を設定し，実行するための基礎を提供するものです。

　また，品質コスト情報は，非常に主観的なものであるという技術的な限界を持っています。したがって，予防原価や評価原価の見積に対する正確性が問題となります。さらに品質コストは管理者の判断に影響を受けやすいという問題があります。管理者が目先の予防原価や評価原価の低減を目指すと，これによって欠陥品が増え，失敗コストが増加し，品質コスト全体の増加を招く場合があります。

　内部失敗原価では，スクラップや再作業に対する間接費の配賦の問題があります。スクラップや再作業に関する直接材料費や直接労務費は容易に測定できますが，間接費は測定が難しく，スクラップや再作業のコストに間接費を配賦すべきではないという意見も根強くあります。

　品質コスト報告書についても，問題点があります。品質コスト報告書からは，

重要なコストが除かれています。たとえば，外部失敗原価の最も重要なコスト
は，販売不能となった場合の機会原価です。セールス・ロスなどの機会原価は，
理論上，品質コストの重要項目として認められていますが，一般に，品質コス
ト報告書から除外されています。これを品質コスト報告書の中に組み込むとし
ても，その見積が主観的なものになる可能性があります。また，品質コスト報
告書の中には，適合品質と関係のない商品の陳腐化による評価損や値下げ額，
あるいは顧客の個人的要求による改造コストなど，品質コストとして不適当な
コストが算入される可能性があります。

　品質原価計算は，企業環境に左右されるため，その設計や実施はなかなか難
しいものです。非製造業においても品質コストの重要性は認識されていますが，
実際の適応に関しては，なかなか困難なものがあります。品質原価計算は，こ
のような技術的・機能的限界を持つものではありますが，コスト間のトレー
ド・オフや管理不能費に対する対応など，戦略的なコスト・マネジメントとし
ての基本的な思考を持つ技法であるといえます。

第21章
利益計画

利益計画の意義

　企業は，利益の極大化を目指して企業活動を行っています。企業活動を統括する経営者は，財務会計上の利益，すなわち，売上高から費用を控除した結果としての利益よりも，むしろ将来の諸活動による利益にその関心があります。そのため，経営者は売上高を予測して，原価を計画します。経営分析によって前年度の実績を分析し，これに基づいて次年度の計画を立てて，予算を編成します。この予算編成に関わる経営計画の中で，特に重要なものが**利益計画**（profit planning）と**資金計画**（fund planning）です。利益計画は一般に企業の経営方針あるいは経営政策の具体化と考えられています。そこで，計画期間に獲得すべき目標利益を会計的に数値化して設定し，売上高，費用，利益の相互関係を分析して，目標利益獲得のための売上高や費用の総枠を金額として決定していきます。

　利益計画は期間計画ですから，その設定対象として，計画期間が1年を超えるかどうかによって，**長期利益計画**と**短期利益計画**に分けられます。長期利益計画は，長期的な視点から企業を管理するための経営管理の手法で，企業の将来を見据えた上で，企業の進むべき方向を定め，企業活動を集約するための計画です。短期利益計画は，長期利益計画をベースとして，目標利益を達成するための具体的に必要な予算を設定して，短期の企業活動を管理する計画です。長期利益計画と短期利益計画の違いは，その対象とする意思決定問題によるものです。長期利益計画は，経営構造に関わる基本計画を含む戦略的計画であるのに対して，短期利益計画は経営構造を一定として，日常反復的な業務計画に関わる戦術的計画です。ここでは，短期利益計画を中心にそのプロセスを説明していきます。

2 目標利益の設定

利益計画は，**目標利益**を設定することからはじまります。目標利益は，利益額で表示する方法（金額法）と利益率で表示する方法（比率法）があります。金額法では，期間利益が利用される場合が一般的です。しかし期間利益を目標利益として表示する場合，具体的に目標を指示するには有効ですが，売上高や資本との関係を測定する収益性や資本効率を表示することができません。そこで，利益率，特に資本利益率は，その構成要素が資本回転率と売上高利益率であることから，総合的な指標として有効であると考えられています。

目標利益の算出方法には，実績法と公式法があります。実績法は，過去の財務諸表の数値を基礎として次年度の資本利益率を予定するものです。具体的には，過去5年程度の財務諸表から各年度の資本利益率を算出します。異常値を排除した上で，平均値もしくは趨勢値を基礎として次年度の資本利益率を予定します。公式法は，あらかじめ設定しておいた公式を利用する方法です。たとえば，自己資本に対して必要な利益を基本資本利益率として算出します。

基本資本利益率＝必要利益÷自己資本

次に，基本資本利益率に資本構成比を掛けて目標とする資本利益率を算出します。

資本構成比＝自己資本÷総資本
目標資本利益率＝基本資本利益率×資本構成比

3 費用分解

資本利益率が決定されると，次にこれを達成するための予定売上高と許容費用を設定しなければなりません。そのためには，前もって総費用を**変動費**（variable costs）と**固定費**（fixed costs）に分解する必要があります。変動費は，費用の変動態様が売上高や生産量の増減変化に対応して，その発生額が比

例的に変動する費用です。売上高や生産量が増加すると，その総額が比例して増加する費用ということです。したがって，売上高や生産量がゼロである場合は，変動費は発生しません。具体的には，出来高払いの直接賃金，直接材料費などです。

固定費は，費用の変動態様が売上高や生産量の増減変化に影響されない費用です。つまり，売上高や生産量の変動に関係なく一定額が発生する費用です。売上高や生産量がゼロの場合でも，一定額が発生する費用です。具体的には設備の減価償却費，賃借料などです。固定費は，売上高や生産量に関係なく一定額が発生しますので，売上高の減少は固定費の負担を高め，企業の収益の低下につながります。

　費用の変動態様は，これら以外にも準変動費（semi-variable costs）もしくは準固定費（semi-fixed costs）と呼ばれるものがあります。これらは，固定的な部分と変動的な部分からなる費用です。準変動費は，売上高や生産量がゼロの場合でも一定額は発生するが，売上高や生産量に比例して増減変化する費用です。たとえば，電力料や水道代などです。準固定費は，ある範囲の売上高や生産量の増減変化に対しては固定的ですが，この範囲を超えると急に増加し，それ以後は再び固定化する費用です。具体的には，間接工の賃金などがあります。短期利益計画においては，準変動費と準固定費は変動費か固定費のどちらかに分類されることになります。

　費用を変動費と固定費に分類することを費用分解といいます。費用分解の方法には，個別費用法と総費用法があります。個別費用法は，損益計算書上の勘定科目をもとにして分類する方法です。たとえば，材料費や売上手数料は変動費，減価償却費や固定資産税は固定費といった要領で分類していきます。この方法を採用した場合，準変動費や準固定費の分類が課題となります。しかし，既存の勘定科目から分類するため，特別な手続きを準備する必要がなく簡便であり，また，利益計画と財務会計がこの方法により関連を強めるという利点があります。

　総費用法は，ある時点での売上高と総費用，他の時点での売上高と総費用を比較して，売上高と総費用それぞれの差額を計算します。この差額を対比して，変動比率を算定します。この変動比率を使用して，固定費と変動費に分解する方法です。総費用法には，高低点法，撒布図表法，最小自乗法などがありますが，総費用法による費用分解では，どの費用が変動費でどの費用が固定費かを識別できないため，費用の管理・統制ができず，一般には，個別費用法が広く

利用されています。

 損益分岐点分析

　上述したように，短期利益計画では，目標利益の算定にあたって，資本利益率がその指標として一般的です。資本利益率は売上利益率に資本回転率を掛けて求められます。特に売上高利益率は損益分岐点に基づいて算定されます。**損益分岐点 (break-even point)** とは，総収益と総費用が等しい売上高もしくは生産量のことです。売上高が上昇するに従って損失から利益に変わる点のことで，損益が分岐する売上高を示しています。これを将来の目標利益の算出に応用して，将来の売上高と費用を測定した上で，売上高と費用と利益の関係から目標利益を算定することになります。この場合，費用を変動費と固定費に費用分解しておくことが前提となります。

　損益分岐点の求め方には，作図によって求める図表法と計算によって求める公式法があります。図表法の手順は次のようになります。

　①正方形を描き，等間隔の目盛りをつけます（**図表21-1**）。

　②横軸は売上高もしくは生産量，縦軸は費用(原価)，損益を示すものとします。

　③右上がりの対角線を引きます。これを売上高線といいます。

　④縦軸に固定費額をとり，そこから横軸に平行に固定費線を引きます。

　⑤変動費を示す線を固定費線と縦軸の交点から引きます。これは，固定費線の上に変動費線を乗せていますので，総費用線ということになります。

　⑥売上高線と総費用線の交点を損益分岐点といいます。

　損益分岐点の右側は売上高線が総費用線を上回っていますので，両者の差は利益となります。また，損益分岐点の左側は，総費用線が売上高線を上回っていますので，その差は損失となります。また，売上高 x の時の総費用は y となります。**損益分岐点図表**は，目標利益の設定，利益の予測，予測した利益と実際利益の比較といった目的に利用されます。

　公式法によって損益分岐点を求める方法は，総収益と総費用が等しい売上高を示した損益分岐点の性質から導かれるものです。損益分岐点の売上高は総費用と等しいので，以下のようになります。

図表21-1　損益分岐図表

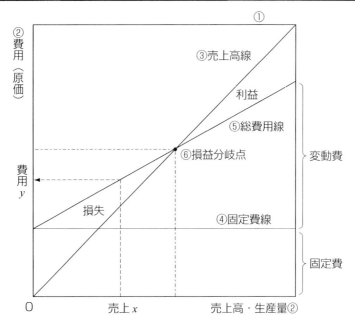

損益分岐点の売上高－総費用＝０（利益ゼロ）

すなわち

損益分岐点の売上高－固定費－変動費＝０

さらに，変動費は売上高×変動費率であらわすことができるので，

損益分岐点の売上高－固定費－（売上高×変動費率）＝０

そして，これらを展開すると，以下の公式にあらわすことができます。

売上高－（売上高×変動費率）＝固定費

売上高×（１－変動費率）＝固定費

損益分岐点の売上高＝固定費÷（１－変動費率）

この式は基本公式と呼ばれ，利益計画を行う上での種々の目的に応じて展開され，利用されます。たとえば，変動費率や固定費が変化した場合の利益，あるいは**目標利益達成点**の売上高などです。

5 資本図表

利益計画において設定される目標利益は，一般に資本利益率が用いられますが，資本利益率は売上高利益率と資本回転率で構成されています。売上高利益率は売上高と利益の関係を示していますので，損益計算書の要素に関係するものであるといえます。資本回転率は，資本の運用効率を測定するもので，資本と売上高の関係を示しています。したがって，資本回転率は，貸借対照表と損益計算書の要素に関係しているといえます。この両者から構成される資本利益率は，全社的な観点から総合的に収益性や資本効率をはかることになるので，目標利益のベースとするには最適であると考えられています。

損益分岐点図表は，直接的に売上高利益率を示すものではありませんが，売上高と利益の関連を示しています。そこで，資本回転率に関係し，資本と売上高の関連を示す図表が必要です。これを**資本図表**（capital graph）といいます（図表21－2）。

資本図表は，資本が1回転するのに必要な売上高，つまり資本と売上高の等しくなる点である**資本回収点**（capital turnover point）を示す図表です。資本回転率は資本と売上の関係から，一定の売上高で，資本が何回回収されるかを回転率で示すものです。この回転率が高ければ資本の運用効率が高いことをあらわしています。資本図表においては，資本回収点が低ければ低いほど資本回転率が高いことを示しています。

資本回収点における売上高を計算で求める場合の公式は以下のようになります。

資本回収点の売上高＝固定資本÷（1－変動資本÷売上高）

図表21－2　資本図表

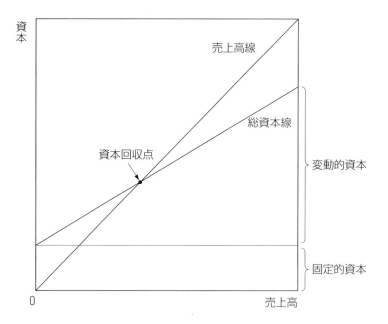

第22章
予算管理

1 予算管理の意義

　予算（budget）は企業の経営方針に基づいた経営計画を具体化したものです。つまり、予算は企業が利益計画によって設定された、目標利益を達成するための計画を貨幣的に表示したものです。そこで、予算は特定期間（予算期間）の各業務分野の具体的な計画を計量的（通常は貨幣）に表示して、これらを総合編成します。したがって予算管理は、このような予算を編成し、編成された予算に基づいて企業活動全体を統制するための活動を行います。予算管理の大まかなプロセスを示せば、図表22－1のようになります。

　このように予算管理は、**予算編成**と**予算統制**という手続きによって構成されていますが、その基本的な機能には、計画、調整、統制に関する機能を持っています。予算管理における計画機能では、企業経営者によって全社的な観点か

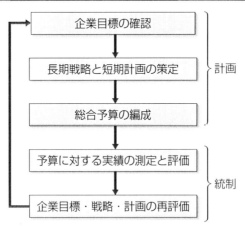

図表22－1　予算管理のプロセス

ら設定された利益計画に基づく目標利益を達成するために，現場の活動が有効に機能するように，部門ごとに予算を具体化して会計数値によって提示することが重要です。

　調整機能は，企業全体の予算と各部門の予算を編成し，統制する際に，企業組織内の調整を必要とするためのものです。現代の企業は規模が拡大し，企業活動が複雑化し，組織構造が重層化しています。そこで予算管理による調整が必要となるわけです。予算管理には，2つの調整があります。第1は，総合予算を編成するのに必要な製造予算，販売予算，財務予算などの各部門の予算間の調整です（水平的調整）。第2は，企業経営者が立案する経営計画や利益計画と，部門管理者の作成する部門予算との調整です（垂直的調整）。予算管理の調整機能は，この2つの調整によってその機能を達成することになります。

　予算管理における統制機能には，事前統制，期中統制，事後統制の3つの統制があります。取締役会によって承認された**総合予算**のベースとなる部門予算が部門管理者に通達されると，部門管理者は，**部門予算**の執行を通じて，部門計画の達成を目指すことになります。したがって，部門予算は部門管理者にとって部門計画の達成度を確認するための基準となります。また，部門予算の達成度によって，部門管理者の業績が評価されます。その結果，部門管理者は部門予算を通じて部門計画の達成を目指すという動機づけがなされることになります。このような部門管理者の動機づけを**予算管理の事前統制機能**といいます。

　予算期間（通常1年間）が終了すると，部門ごとに予算と実績が比較され**予算差異**が計算されます。予算差異は原因の分析が行われ，この差異分析をもとに，部門管理者は差異の発生する原因を究明して，これに対する改善措置を行うことになります。このような部門管理者の行動は，差異分析によって方向づけられるため，差異分析を通じて企業の活動が統制されることになります。これを**予算管理の事後統制機能**といいます。しかし，年1回の差異分析では，企業環境の変化が著しい現代では，不十分です。予算期間の間で，修正を余儀なくされることがあります。そこで，月次あるいは週単位で差異分析を行い，原因を発見して，是正措置を講じる必要性があります。このような予算統制を事後統制機能と区別して，**期中統制機能**といいます。

2 予算体系

　企業経営者が企業経営活動の中で，効率的な予算管理を遂行するためには，基本的に，すべての企業活動に対応した予算編成が必要となります。しかし，予算の体系は，企業の業種，組織，規模，経営方針，あるいは企業を取り巻く外的環境の違いによって，その企業で運用しやすいように構築されることが重要です。標準的な総合予算の体系を示せば，**図表22－2**のようになります。

　総合予算は，全社的な観点から編成され，数多くの部門予算から構成されています。総合予算の編成にあたっては，会計数値を用いることによって，会計の計算構造に即して部門予算を編成し，部門予算を集約，統合して編成します。したがって，一般的には，総合予算は，**見積損益計算書**や**見積貸借対照表**として表示されます。たとえば，短期利益計画から導き出される予算の編成方針に対応した売上高予算が編成され，これに対応した部門予算（製造予算，販売予算など）が編成され，さらに，資金予算などが加えられ，見積損益計算書および見積貸借対照表が作成されていきます。

　部門予算は，製造，販売，財務などの職能別部門別に編成される予算です。部門予算は，一般に，これらの部門を管理する部門管理者によって作成されます。しかし，部門予算は，部門管理者の業績評価を行うための基準ともなります。

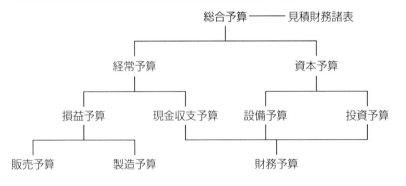

図表22－2　予算体系

3　予算編成

　予算編成のプロセスには大きく2つの方法があります。1つは，**強制予算**
（imposed budgeting）あるいは**天下り型予算**（top-down budgeting）と呼ば
れるものです。もう1つは，**積み上げ型予算**（bottom-up budgeting）と呼ば
れるものです。強制予算は，経営管理者が自身の決定した総合予算を，部門の
責任者に対して一方的に通告するもので，アメリカの大企業においても，1950
年代まで，広く用いられていた方法です。強制予算は，企業経営者の経営に関
する指針が強く反映されますので，企業における経営行動の統一性や経済性が
保持されるという利点があります。しかし，強制予算は，企業経営者と部門管
理者との間に，不信感やコンフリフトが生じやすく，企業の目標と各部門にお
ける目標を統一することが難しいとされています。一方，積み上げ型予算は，
部門予算が部門管理者によって主体的に編成されるので，部門予算は達成可能
なものとなり，経営管理者と部門管理者との間のコンフリフトも解消されます。
しかし，積み上げ型予算では，各職能部門間の調整が不十分で，必ずしも経営
管理者によって策定された短期利益計画との整合性が保証されるわけではあり
ません。

　日本の企業では，強制予算と積み上げ型予算を組み合わせた**折衷型予算**が，
伝統的に展開されてきました。折衷型予算は，まず，経営管理者により，部門
管理者向けに予算編成方針としての短期利益計画が提示されます。部門管理者
は，この予算編成方針を満たすように部門計画を立案し，部門予算を編成しま
す。これによって，総合予算と部門予算の整合性を確保し，短期利益計画と部
門計画の統一性をはかることができます。ただ，数多くの日本企業で用いられ
ている折衷型の予算編成では，短期利益計画を満足させるため部門予算の編成
が繰り返されるので，どちらかといえば，天下り型に近い予算編成といえま
す。

4 予算統制と責任会計システム

　上述したように，予算統制は，事前統制，期中統制，事後統制から構成されています。事前統制は，予算編成によって生じる経営管理者や部門管理者に対する動機づけを中心とするものです。期中統制は，経営管理者によって行われる日常的なラインの統制活動です。事後統制はスタッフによって行われる予算差異分析などの統制活動です。この予算差異分析は統制活動の中で特に重要なものであるといえます。予算に示される数値は，目標値であるとともに，業績評価の基準ともなります。予算委員会などのスタッフは，予算と実績を比較して差異を計算し，その差異を分析することによって予算管理の事後統制を行います。この予算差異は，実績数値が予算数値を下回る場合は，有利差異としてその業績は良好なものとして評価されますが，実績数値が予算数値を上回る場合は，不利差異としてその原因分析が行われ，差異が発生した場所およびその責任者を明らかにして，是正措置がとられます。スタッフによる予算差異分析の結果は，**予算報告書**として集約され，各部門の管理者に提示されます。予算報告書には，予算額，実績額，両者の差異，差異の原因などが，記入されています。予算報告書の情報は，予算の達成度を評価するだけでなく，次期以降の経営計画，これをもとに立案される予算の編成のための基礎資料となります。

　総合予算の差異分析は，一般に，見積損益計算書および見積貸借対照表における差異分析によって実施されます。たとえば，見積損益計算書の差異分析では，見積損益計算書の項目ごとに，実績額と予算額との差異が計算されます。収益項目の場合は，実績額が予算額を下回った場合，その差異は不利差異としてマイナスで表示されます。一方，費用項目については，実績額が予算額を上回った場合に，不利差異としてマイナスで表示されます。この不利差異については，たとえば予算委員会などで，分析が行われます。部門予算の差異分析は，それぞれの部門予算について，差異分析が行われます。部門予算は，部門管理者が達成すべき責任を表示したものでもあります。つまり，部門管理者の会計責任を示しています。この点から，予算は**責任予算**（responsibility budget）とも呼ばれます。企業経営を管理・統制する場合，この責任予算は管理の基準

として考えられます。したがって，企業活動の統制の基準としての責任予算と企業活動の成果としての実績が比較され，その差異が予算差異として分析され，差異の発生原因を排除する是正措置が展開されるとともに，予算差異に基づく業績評価が行われます。このようなシステムを**責任会計システム**といいます。責任会計システムでは，部門管理者の業績評価を行う場合，各部門の実際の業績は部門管理者の決定や行動ばかりでなく，当該部門管理者にとって管理不能な環境変化や他部門の行動によって影響を受けるため，組織上の権限の範囲を明確にしておく必要があります。また，実績と予算の差異分析を行う場合でも，その原因が管理可能な要素なのか，管理不可能な範囲の要素なのかを分解して，評価する必要があります。

5 ゼロベース予算

ゼロベース予算（zero-base budgeting：**以下 ZBB**）は，1970 年代にアメリカの IC 企業であるテキサス・インスツルメンツ社によって開発された予算システムです。ZBB は積み上げ型による一般的な予算編成に対する欠点を修正し，経営資源の最適配分を意識して，開発された予算の編成および実施のシステムです。積み上げ型予算の場合，以下のような問題点があります。

①予算が年々肥大化する傾向にあります。

②各部門の貢献度が予算に反映しにくいという問題があります。

③各部門の不必要な業務を廃止する方法がありません。

④各部門の当事者が予算の成果について無関心です。

⑤各部門の目標と企業の目標を統一することが困難です。

これらの問題の解決に対して，ZBB は，有効なものと考えられます。ZBB では，前年度実績をいったんゼロにして，部門管理者は新たな計画を立案し，この計画を**デシジョン・パッケージ**（decision package：**以下 DP**）と呼ばれる個別部門業務計画書にまとめます。経営管理者はこの DP を一覧にして内容を評価して優先順位をつけます。さらに利益計画から割り出された予算の枠に従い，線引きして DP の採否を決定します。つまり，継続して行ってきた業務でも，企業にとって重要性が希薄になれば，優先順位が下がり，採用されず，新

たな計画であっても，企業にとって必要性が高ければ，優先順位が上がり採用されることになります。この際，採用されなかった計画の資金や人員が採用された新たな計画に使用されることになり，経営資源の効率的な配分がなされます。DP の採否が決定すれば，これに従って従来のような予算編成を行います。

DP の作成にあたっては，部門管理者は以下のようなパッケージを作成します。

現行パッケージ：現在実行している業務についての計画

新規パッケージ：次年度に新たな実施を希望する業務についての計画

現行パッケージについては以下のようなパッケージを作成します。

継続パッケージ：現在実施している業務を次年度もそのまま実施しようとするもの

廃止パッケージ：継続パッケージに対してその反対である廃止案を作成

代替パッケージ：業務を継続する場合の別の方法での実施計画

部門管理者は継続パッケージ，廃止パッケージ，代替パッケージを作成した上で，どの提案をするかを決定します。これを推薦パッケージといいます。たとえば継続パッケージを提案する場合，その業務水準の最低水準である基準パッケージを作成します。さらに現行の業務水準を維持するためにどのくらい予算が必要となるかを提示した増分パッケージ①を作成します。最後に業務水準を最高水準するためにはどのくらいの予算の追加が必要かを示した増分パッケージ②を作成して提示します。企業の予算枠に従って，基準パッケージのみが採用される場合もあれば，増分パッケージ②まで採用される場合もあります。

6 戦略的予算編成

予算の編成過程で，強制型予算編成あるいは積み上げ型予算編成を行うとしても，予算の肥大化が，特に不況期には重要な問題となってきます。この予算の肥大化の原因として**予算スラック（budgetary slack）**の問題が注目されてきています。部門予算には数多くのスラックが含まれていると考えられます。予算スラックは，管理者が予算目標を達成しやすくするために，意図的に予算

に組み込むものです。部門管理者が予算編成に参加し，その予算実績が部門管理者の評価につながる場合，部門予算における収益の過少見積や費用の過大見積によって，予算目標達成に対する圧力を和らげようとします。さらに，部門管理者が達成目標の引き上げや将来の予算削減に対する自衛手段として，予算スラックを拡大したいという誘因を持っています。予算スラックは部門予算ばかりでなく総合予算においても，経営管理者によって組み込まれることがあります。ある調査では，経営者の約 80％が予算スラックの存在を認めていると報告されています。

　予算スラックは組織目標と個人目標のコンフリフトを緩和するものとして容認されてきましたが，予算管理は経営資源を計画的に配分し，経営管理者が組織目標を達成させるためのマネジメント・コントロールの手段ですから，予算スラックは，計画の具体化としての予算の妥当性を損ない，予算の統制機能を低下させることになるので，排除すべきものであると考えられるようになってきました。さらに，予算スラックは，予算を肥大化させる主要な要因として認識されるようになってきました。この予算スラックを排除し，予算の肥大化を解決するために開発された予算の編成方法が，**戦略的予算編成**（strategic budgeting）です。

　戦略的予算編成は，1999 年にダイムラー・クライスラー社において採用された制約理論を基礎とする予算編成システムです。ここで，機械製造業の XYZ 社のテスティング部門のグループ予算編成を例に，戦略的予算編成の手順を説明します。XYZ 社のテスティング部門には，サービス部門，アプリケーション開発部門，システム・インテグレーション部門の 3 つの下位部門があります。まず，グループ予算編成の基本方針として以下の 4 点が確認されます。

①各下位部門管理者からの見積を集計してグループ予算が編成されます。

②すべての下位部門予算を 50％カットし，予算バッファとします。

③すべての下位部門の予算バッファはグループ予算のバッファに吸収します。

④各下位部門管理者がさらなる予算が必要であると報告した場合，これに対する予算の増額はグループ予算バッファによって可能となりますが，他の下位部門管理者を含めた会議で検討されることになります。

予算編成にあたり，テスティング部門の管理者は，各下位部門管理者に対して，測定や修繕のための設備購入にともなうサービスコスト，試験サービスのハードウェアとソフトウェア，残業費，雑費などの予算経費を 10％削減するように申し入れを行います。これらを前提とした予算の編成過程は図表22－3のようになります。

　まず，下位部門管理者が見積った予算は，サービス部門＄8,375,000，アプリケーション開発部門＄2,750,000，システム・インテグレーション部門＄1,375,000で，グループ予算は＄12,500,000となります。ここで，戦略的予算編成を導入して，下位部門予算の見積を 50％カットするため，グループ予算は＄6,250,000，グループ予算バッファは＄6,250,000となります。しかし，システム・インテグレーション部門から，品質保証に関連した問題解決のため，データ収集設備を購入するための予算要求があり，テスティング部門長および各下位部門管理者の会議によって，この要求が承認され，当該要求金額の＄1,550,000をグループ予算バッファから差し引き，システム・インテグレーション部門予算に加算されます。その結果，グループ予算バッファは＄4,700,000に設定されます。さらに，テスティング部門の管理者は，下位部門管理者に対して，予算のためのオペレーティング・コストを 10％削減するよう求めます。これにともない下位部門では予算の見直しが行われ，たとえば，サービス部門管理者は熱電温度計の購入に対する見直しを行い，熱電温度計の過去の使用パターンを分析したところ，車輌の検査のために夏期のみに多く使用されることが判明しました。また，他部門に在庫があることが判明しました。したがって，熱電温度計は購入の必要がなく，予算の削減が可能であることがわかりました。このように，各下位部門の初年度予算の見直しと，オペレーティング・コストの削減によって，2年目の予算編成においては，提供するサービスの質を落とすことなく，グループ予算バッファから原初予算の 20％を削減することができ，2年目のグループ予算バッファは＄3,750,000とになります。

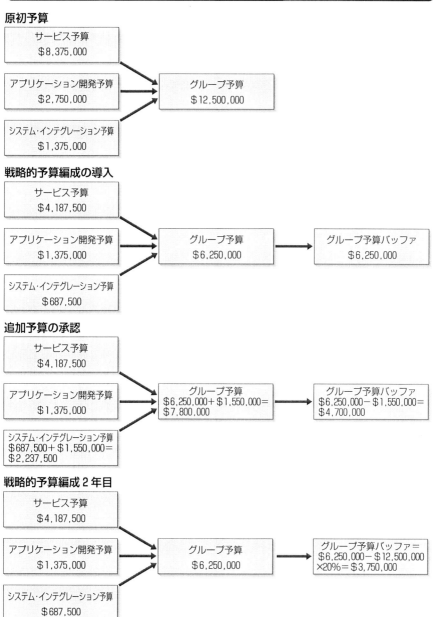

図表22－3　戦略的予算編成過程

7 ゼロベース予算と戦略的予算編成

　制約理論をベースとした戦略的予算編成の第1のポイントは，予算編成を実行するプロセスが簡素化されている点にあります。戦略的予算編成と同様に，予算の肥大化を防ぐ効果のあるゼロベース予算と比較した場合，ゼロベース予算はその編成プロセスが煩雑で，これがゼロベース予算の普及に対して障害となっているのに対して，戦略的予算編成は，このような煩雑さはありません。また，戦略的予算編成は，ゼロベース予算と異なり，予算内に含まれるスラックを見つけ出すために，階層タスクあるいは支出に対する正当性を要求しません。戦略的予算編成は，総合予算としては一定額のスラックを持ちますが，下位部門の予算にはスラックが含まれず，全体としてセーフティーが予算バッファの中に用意されているため，各部門の生産性を危険にさらすことなく，予算を半減することが可能です。多額の予算カットによるリスクは，低減された支出によって，生産性や品質が損なわれることです。しかし，戦略的予算編成では，企業目標に合致した追加支出が可能です。それは，当該追加支出が他の部門管理者を含む会議によって協議され，経営管理者は追加資金の要求に対して，企業全体の目的を確認した上で，予算バッファから支出することを検討するからです。また，これによって，経営管理者と部門管理者，あるいは部門管理者間のコンフリクトもある程度解消されます。

　さらに，部門からの追加支出の要求は，関連する他部門との協議によって検討され，予算バッファから応じることが可能ですので，このプロセスにおいては，部門管理者が変更を決定すれば，ゼロベース予算と違って，比較的早期に実行することが可能です。しかし，戦略的予算編成は，必ずしも万能ではありません。予算スラックに対して戦略的予算編成は有効ではありますが，部門管理者や経営管理者に対して予算スラックの誘因をすべて排除できるわけではありません。また，ゼロベース予算のように，短期利益計画から導き出された予算総額が限定的に与えられているわけではないので，利益計画との整合性を常に考慮しなければなりません。

第23章
経営意思決定支援の会計

 特殊原価調査

　企業は，事業の多角化，設備投資，価格決定，プロダクト・ミックス，設備の更新や購入，新製品の生産，製造部品の購入や自製，追加注文の諾否など，経営上の意思決定を日々行っています。経営意思決定には，多角化や工場の建設，設備投資などの経営の基本構造に関わる経営意思決定とプロダクト・ミックスや注文の諾否のように業務に関する経営意思決定があります。経営の基本構造に関わる経営意思決定はその影響が長期に及ぶもので，決定後の変更は困難な場合が多いといえます。一方，業務に関する意思決定は短期的なものです。

　このような業務に関する経営意思決定を行う場合，財務会計制度や原価計算制度から得られるコスト情報だけでは，必ずしも十分とはいえず，意思決定の内容に沿った**特殊原価**という概念を用いて，経営者の意思決定を支援しています。特殊原価概念を利用して，経営管理者に対して，経営上の意思決定とそれ

図表23-1　特殊原価調査の手順

①特殊原価をつかって，調査すべき問題点を明確にする

↓

②その問題点を解決するために，採用可能な方法に関する原価を明確にする

↓

③代替案の原価消費額もしくは利益額を見積る

↓

④代替案の原価消費額もしくは利益額を比較する

↓

⑤原価消費額の少ない方もしくは利益額の多い方を選出する

に関連した経営方針の策定に必要なコスト情報を提供することを**特殊原価調査**もしくは**差額原価収益分析**といいます。特殊原価調査は，経常的に実施される原価計算とは異なり，非経常的な経営問題の解決のために，臨時に実施され，その調査目的に応じて種々の原価概念や計算方法を用いて，図表23－1のような手順で原価計算が実施されます。

2 特殊原価

　特殊原価とは，特定の経営意思決定に関して，臨時に実施される特殊原価調査に使用される原価をいいます。特殊原価は，原価計算制度における原価とは区別され，特定の意思決定問題に対する経済的に最も有利な代替案の選択を目

図表23－2　特殊原価の種類

未来原価	将来において，発生することが予測される原価のこと。
取替原価	現在の市場価格，時価のこと。帳簿価格との取替を想定している。
付加原価	実際の現金支出をともなわず，その結果，財務会計記録には現れないが，原価計算上は価値犠牲額を計算できるような原価。自己資本利子などはその代表である。
差額原価	特定の代替案を他の代替案に変更した場合に，発生するであろう総原価の増加分あるいは各原価構成要素の変動分で，それが，固定費であるか変動費であるかに関係なく，対象となる原価構成要素の増減額として把握される。この変動額が増加である場合，増分原価と呼び，減少である場合には減分原価という。
埋没原価	特定の代替案を他の代替案に変更したとしても，全く増減変化しない原価，あるいは一定の状況の下では回収できない歴史的原価のことである。減価償却費はその代表である。
機会原価	所有する資源を効率的に利用する方法を選択する過程において，代替的な案の1つを選択し，他の案を捨て去る結果として，失われた利益のこと。
回避可能原価	経営目的を達成するために必ずしも必須とはならない原価のこと。
延期可能原価	現在の業務活動の能率には，ほとんどまたは全然影響を及ぼさないため，将来に延期できる原価のこと。
現金支出原価	経営管理者の行う一定の意思決定に関して現金支出を発生させる原価のこと。

的として，利用されるものです。特殊原価には，一般に図表23－2のような
ものがあります。

③ 特殊原価調査による意思決定

　特殊原価調査による意思決定は，上述したような手順で実施されますが，こ
こでは，代表的な特殊原価である差額原価，埋没原価，機会原価などを利用し
た簡単な例を用いて，説明します。

　X社は，製品Aを製造販売しています。製品Aの最大生産能力は50万個で，現
在40万個を生産しています。製品Aは1個あたり500円で販売されていますが，
製造費用の内訳は，1個あたりの変動費が380円，固定費の総額が2,000万円で
す。

売上高		500 円
変動費	380 円	
固定費	50 円	
(2,000 万円／40 万個)		
総費用		430 円
利益		70 円

　このとき，新規の顧客から，製品Aを1個410円で8万個購入したいとの注
文がありました。この注文を受けるべきかどうかという意思決定です。実際原
価計算を行うと，総費用が430円ですので，これを410円で販売した場合，1個
あたり20円の損失が生じると思われます。

　しかし，製品Aを40万個生産している時点で，固定費総額の2,000万円は回収
済みになっています。たとえ8万個受注しても，最大生産能力50万個を超えま
せんので，固定費が増加することはありません。つまり，これが埋没原価とな
り，比較の計算から除外されます。したがって，変動費だけを控除すればよい
ので，410円で販売しても，1個あたり30円（410円－380円）の利益が得られ
ます。そこで，この新規の8万個の受注をする方が有利と判断されます。

売上高		410 円
変動費	380 円	
固定費	0 円	
総費用		380 円
利益		30 円

Y社は，B製品を製造販売している。このB製品は，製造途中の半製品としても販売可能で，1個あたりの費用350円で販売価格は，750円です。この半製品を加工して完成品にする場合，加工費が800円かかるが，1,500円で販売することができます。

売上高		1,500 円
半製品費用	350 円	
加工費	800 円	
総費用		1,150 円
完成品販売利益		350 円

半製品で販売するか，再加工して完成品を販売するかの意思決定を行う場合，重要な点は機会原価です。もし，再加工して完成品で売ることを選択した場合，半製品の販売で得られる利益400円（750円－350円）は機会原価となります。また，半製品で販売することを選択した場合，完成品の販売利益350円が機会原価となります。これを考慮して半製品で販売した場合の原価計算を行うと，

売上高	750 円
半製品費用	350 円
利益	400 円
機会原価	350 円
差額	50 円

この結果，半製品で販売した方が有利であるという判断になります。

特殊原価調査による経営意思決定の支援は，代替案のコスト情報を提供するものです。特殊原価調査によって，そのコスト情報から，ある特定の案が有利であると判断されても，これが最終の意思決定にならない場合もあります。管理者は，コスト情報以外に，市場の状況や経営方針あるいは市場参入などといったその他の情報を含め，総合的に判断した上で，最終の意思決定を行います。

企業内部組織と会計

　勘定は，組織に従属しています。その意味からは，管理会計であろうと，財務会計であろうと，企業の組織の在り方が会計に重要な影響を与えていることは，当然のことといえます。特に管理会計と企業内部組織との関係は重要です。管理会計は，組織の意思決定に対して有用な情報を提供することを1つの使命としています。企業が一定の規模を持つようになると，分業による協業によってその生産性を飛躍的に向上させるような組織が形成されていきます。このような考え方は，生産工程に留まるものではなく，企業経営全般にわたって適用されることになります。財務・購買・製造・販売などの職能ごとに専門化された組織が形成されます。このような組織は，**職能部門別組織**と呼ばれ，20世紀初頭に事業部制組織が登場するまでは多くの企業によって採用されていた組織形態で，現在でも，職能部門別組織を採用している企業は数多くあります（図表24-1）。

　職能別部門組織は，製造や販売あるいは財務といった職能ごとに組織が構築されているので，各部門の管理者はその職能の範囲内で，経営管理者から委譲された権限を行使することになります。職能別部門組織の特徴は各部門が，**コスト・センター**あるいは**利益センター**として機能していることです。つまり，各部門の管理者はコストあるいは収益に対して責任を持っています。したがって，各部門の管理者の評価は，コストあるいは収益を基準としたものになります。また，これらの点は，各部門間の相互依存度を強くすることになりますので，各部門間の調整はすべて経営管理者が行うことになります。職能部門別組織の長所は，職能ごとに専門化することによって経営活動の効率化が図れること，機械設備や人員などを最大限利用することによって共通費の節約が可能なこと，中央集権的な組織体系であるので，経営管理者の意思が組織の下位の従

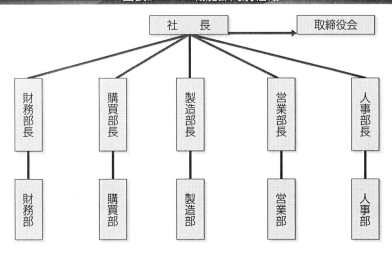

図表24－1　職能部門別組織

社　　長　→　取締役会

財務部長 ｜ 購買部長 ｜ 製造部長 ｜ 営業部長 ｜ 人事部長

財務部 ｜ 購買部 ｜ 製造部 ｜ 営業部 ｜ 人事部

業員にまで浸透することなどが挙げられます。しかし，職能別部門組織では，各部門間の相互依存関係が密で，部門自体の業績評価が困難です。また，中央集権的な組織であるので，現場で問題が発生した時，これを経営管理者に上げて指示を仰ぐことになるので，組織としての意思決定に時間がかかることになります。この他にも，セクショナリズムが増大するといった問題や，専門化が進むため企業全体を統括するための企業経営者としての資質が育たないといった問題があります。

　企業を取り巻く経済環境の変化とそれにともなう経営戦略の対応によって，職能別部門組織の問題点が顕在化してきました。そこで，職能別部門組織の問題点を解決する１つの方法として，**事業部制組織**が登場します。

2　事業部制組織

　事業部制組織は，20世紀初頭のアメリカにおいて，化学薬品工業であるDu Pont 社と自動車工業であるGM 社によって，はじめて採用された組織形態です。Du Pont 社は，製品の多角化戦略に対応するため，中央集権的な組織構造

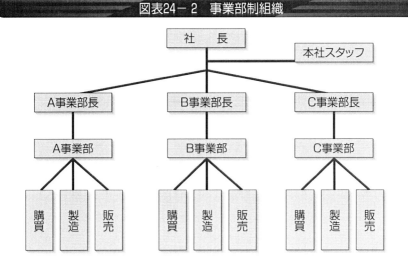

図表24-2　事業部制組織

を改める目的で，事業部制組織を導入しています。また，GM 社は，拡張政策のもとで，全社的な統一を図るため事業部制組織を導入しています。両者とも，職能別部門組織の問題点が，経営環境の変化によって露呈し，その対策として，分権化と集権化のバランスを考慮することになり，事業部制組織を選択することとなりました。

　事業部制組織の特徴は，各事業部が独自の製品・販売地域・市場を保有し，独立した企業のように経営活動を行うため，**利益センター**もしくは**投資センター**として機能することです。事業部が利益センターとして利益責任を遂行するためには，事業部の管理者である事業部長に対して，この責任に見合う権限が委譲されていなければなりません。事業部は企業の状況によって，設定されています。具体的には，製品別事業部制組織，地域別事業部制組織，顧客別事業部制組織などがあります。**図表24-2**は，製品別事業部制組織の例です。

　事業部制組織を導入することによって，企業経営者よりも製品や市場の現状を理解した事業部長が意思決定を行うことになり，諸問題に対して的確で即時的な対応が可能となります。また，各事業部が独立しているため，事業部別の業績評価が可能で，事業部内の従業員に対するモチベーションが形成しやすく

なります。これらの点は，職能別部門組織の短所として挙げられたものです。職能別部門組織と事業部制組織の長所および短所は表裏の関係にあります。つまり，企業がどちらの組織を選択するかは，企業の経営戦略に関わることで，それぞれの事情に応じて選択されることになります。なお，事業部制組織の問題点としては，事業部の利益と企業全体の利益は一致するとは限らないこと，共通費の節約が難しいことなどがあります。

3 事業部の業績評価

　事業部制の業績評価をより的確に行うためには，会計上の数値と管理組織上の責任者が適正に結びつく，**責任会計システム**が確立している必要があります（第22章4を参照）。また，事業部は利益センターとして設定されているため，最終的には利益管理を実施することが求められます。したがって，事業部の業績評価に対する基準として，期間利益や投資利益率を用いることが重要です。

　各事業部における業績評価基準として期間利益額が利用される場合，一般に，**変動利益**（variable profit），**管理可能利益**（controllable profit），**貢献利益**（contribution profit），**純利益**（net profit）および**残余利益**（residual income）が用いられます。変動利益は**限界利益**（marginal profit）あるいは**売上差益**（sales margin）ともいいます。これは，売上高から変動費を差し引いたもので，事業部長の意思決定および業績評価に有用なものです。管理可能利益とは，変動利益から管理可能固定費を控除したものです。貢献利益は管理可能利益から管理不能固定費を控除したものです。管理不能固定費とは，過去の意思決定によって発生している埋没原価を意味しています。純利益は貢献利益から共通費を差し引いたものです。残余利益とは，純利益から資本コストを控除したものです。これらの利益概念を順序に従って計算した事業部損益計算書を作成して，それぞれの利益概念による多様な意思決定および業績評価が可能となります。

　しかし，これら期間利益額は絶対額ですので，相対的に規模の大きい事業部が有利となります。一般に事業部の使用資本が大きければ大きいほど利益額は大きくなります。したがって，期間利益額を業績評価の基準として場合，投下

資本の運用効率が軽視される可能性があります。この点から，投資利益率による業績評価が必要となります。投資利益率は以下の式によって示されます。

投資利益率＝期間利益÷事業部使用資本×100（％）

④ 内部振替価格の設定

　事業部制組織の場合，事業部ごとに利益が計算されます。事業部の取引が外部の他社との間で行われた場合には，市場価格が存在するので，客観的な測定が可能ですが，同一企業内の他の事業部との取引の場合には，市場価格が存在しないので，**内部振替価格（intra-company transfer price）**を設定する必要があります。内部振替価格の設定には，市価基準と原価基準があります。

　市価基準は，市場価格（単純市価基準）ないし，これを修正した価格（市価差引基準）を内部振替価格とするものです。単純市価基準は，事業部が他の事業部に提供する振替品について，この振替品が外部企業にも提供されていて市場価格が成立している場合，この価格を内部振替価格とするものです。市価差引基準は，外部取引での価格から，内部取引では発生しないと考えられる販売費，輸送費，貸倒償却などを控除した金額を内部振替価格とするものです。基本的には，内部振替価格には市価基準が用いられますが，種々の事情から市価が存在しない場合や振替品を供給する事業部のキャパシティに余裕がある場合，また，市場価格の採用が事業部長の意思決定に関して，企業全体の利益と一致しない場合，さらに事業部間の同意が得られない場合には，原価基準を用いることになります。

　原価基準には，原価加算基準，実際原価および標準原価基準，変動原価基準などがあります。原価加算基準は，製造原価に一定の利益を加算して内部振替価格とするものです。実際原価を内部振替価格とした場合，振替品を提供した事業部の能率および非能率が内部振替価格を媒介として，振替品を購入した事業部に転嫁されるため，事業部の業績評価が歪められる可能性があります。そこで，原価管理の効率性を考慮した標準原価による内部振替価格が考えられます。変動原価基準は，製造原価のうち変動原価のみを内部振替価格とするもの

です。また，企業の事情から市価基準および原価基準が適用できない場合は，事業部間の協議もしくは企業経営者の決定する交渉価格によって，内部振替価格が設定されることになります。

5 事業部制組織の新たな展開

　事業部制組織は，事業部が設定されてしまうと，組織が硬直化する傾向にあります。また，投資が重複する可能性や複数の事業部にまたがる意思決定が困難になる可能性を否定できません。そこで，**マトリックス組織**，**戦略事業単位**，**カンパニー制**などの新たな管理組織が模索されています。マトリックス組織は，職能別部門組織と事業部制組織の長所を同時に機能させようとする組織形態です。たとえば，A事業部に所属する従業員が，同時に職能別に組織された販売担当部長の指揮下に所属するといったように，1人の人間が2つの指揮命令系統に属するものです。戦略事業体は，多数の事業を展開している企業が事業部制組織を維持しながら，経営戦略上の組織を事業部の上層に設置するものです。この場合，戦略事業体の管理者は，事業部長の上位の管理者となります。カンパニー制は一種の社内分社制度で，企業内に擬似的な会社を設置し，資産だけでなく，負債および資本についても分割し，利益の繰越や本社費および税や配当も負担する組織単位とするものです。このような企業内部の組織構造の変化ばかりでなく，現代は，企業買収や企業結合などによる組織の変更も企業会計に大きな影響を与えています。

第25章
組織再編の会計

1 組織再編

　企業における組織再編は，企業グループ内の事業の移転や廃止を意味する場合もありますが，一般には，経営統合や買収などのグループ外の企業における事業の全部または一部の譲渡および提携を意味しています。組織再編において事業の全部を移転するには，事業の譲渡，吸収合併，株式の買付と第三者割当，株式交換による子会社化などの方法があります。また，事業の一部を移転する方法は，事業の一部譲渡や会社分割などがあります。さらに，提携などによって共同支配企業を形成する場合もあります。企業再編に関わる会計処理と開示の方法は，**企業結合**の場合と**事業分離**とに大別され，それぞれ企業結合会計基準と事業分離等会計基準および連結財務諸表に関する会計基準に定められています。

2 企業結合の会計

　会計における**企業結合**とは，企業もしくは企業を構成する事業体と，他の企業もしくは企業を構成する事業体とが，1つの会計報告単位に統合されることをいいます。企業結合には，取得と持分の結合という異なる経済実態が存在するため，それぞれの実態に即した会計処理方法の適用が必要であると考えられています。取得とは，企業もしくは企業を構成する事業体が，被取得企業もしくは被取得企業を構成する事業体に対する支配を得て，1つの報告単位になることをいいます。これに対して持分の結合は，支配したとは認められず，結合後の企業におけるリスクや便益を引き続き相互に共有することを前提として，それぞれの事業を統合して，1つの報告単位となることをいいます。「企業結合に係る会計基準」では，取得の場合は，ある企業が別の企業を支配するといった経済実態に即して，資産および負債を時価で引き継ぐパーチェス法が適用

されます。これに対して持分の結合の場合は、いずれの企業も支配を獲得したとは認められないため、結合当事企業の持分は継続しているとみなされます。したがって、企業結合による投資のリスクに影響を受けないと考えられ、資産および負債を帳簿価額で引き継ぐ持分プーリング法が適用されます。

取得と持分の結合の判定は、持分の結合という視点から、以下の要件をすべて満たす場合を持分の結合と判定し、それ以外を取得と判定します。

①対価要件

企業結合に際して支払われた対価のすべてが原則として議決権のある株式であること。対価要件とは、対価の種類に関わる判定要件です。現金その他の資産によって対価が支払われた場合、被結合企業の株主の持分は継続しません。つまり、対価の種類が議決権のある株式でなければ、取得と判断されることになります。

②議決権比率要件

結合後企業に対して各結合当事企業の株主が総体として有することになった議決権比率が等しいこと。議決権比率の判定については、「企業結合に係る会計基準」の注解3において、当該比率が50対50から上下おおむね5％ポイントの範囲内と、具体的に示されています。この範囲になければ取得と判定されます。

③議決権比率以外の支配要件

議決権比率以外の支配関係を示す一定の事実（図表25−1）がないこと。議決権比率以外の支配要件は、結合後企業の意思決定機関を通じて、また財

図表25−1　支配関係を示す一定の事実

1	いずれかの結合当事企業の役員もしくは従業員であるものまたはこれらであったものが、結合後企業の取締役会その他これに準ずる機関（重要な経営事項の意思決定機関）の構成員の過半数を占めている。
2	重要な財務および営業の方針決定を支配する契約等により、いずれかの結合当事企業の株主が他の結合当事企業の株主より有利な立場にある。
3	企業結合日2年以内にいずれかの結合当事企業の大部分の事業を処分する予定がある。
4	企業結合の対価として交換する株式の交換比率が当該株式の時価に基づいて算定した交換比率と一定以上乖離し、多額のプレミアムが発生している。

務上ないし営業上の取引を通じて，支配の事実が存在するかを判定するものです。「企業結合に係る会計基準」の注解 4 に示される事項に該当しなかった場合は支配の事実が存在しなかったとみなされ，持分の結合と判定されます。

③ 少数株主持分（非支配株主持分）

　少数株主持分とは，100％所有ではないが，連結の範囲に含まれる子会社の純資産の内，親会社以外の株主が所有する持分をいいます。2015（平成 27）年 4 月 1 日以後開始する連結会計年度からその名称が少数株主持分から非支配株主持分に変更されました。これは，他の企業の議決権を過半数所有していない株主であっても，他の企業を支配し親会社となることがあり得るため，それを考慮し，このような表現に変更されました。

　この非支配株主持分は，非支配株主を外部者とみる場合，親会社に帰属する利益だけが連結純利益となるため，非支配株主持分が連結貸借対照表の負債に表示され，非支配株主利益は，連結利益計算における控除項目として，連結損益計算書に記載されます。一方，非支配株主を親会社株主と同様に企業グループへの出資者とみる場合は，両者の帰属利益が連結純利益となるため，非支配株主持分は連結貸借対照表の純資産として表示され，非支配株主利益は，連結純利益の構成要素として，連結損益計算書に記載されます。日本の会計基準では，後者の考え方が採用されています。

④ 事業分離の会計

　事業分離とは，企業および事業体を構成する事業の全部あるいは一部を，新設もしくは既存の他の企業に移転することをいいます。また，事業を移転する企業を分離元企業といい，事業を受け入れる企業を分離先企業といいます。事業分離には会社分割や事業譲渡などの方法があります。分割会社や事業譲渡会社などの分離元企業にとって，移転した事業に対する投資が継続しているか，精算されたかによって会計上の取り扱いが異なります。

投資が継続していると判断された場合は，分離元企業が分離先企業から受け取った対価は，移転した事業の適正な簿価に基づいて算定されるため，**移転損益**は発生しないことになります。また，投資が精算されたと判断される場合は，分離元企業分離先業から受け取った対価は，時価で評価され，移転した事業の適正な簿価との差額は移転損益として計上されます。

索　引

た

【著者紹介】

村田　直樹（むらた・なおき）〔担当：第 1 章〜第 7 章，第 11 章〜第 15 章，第 20 章〜第 25 章〕

　1953 年　東京都に生まれる
　1983 年　日本大学大学院経済学研究科博士後期課程満期退学
　1987-1988 年　ロンドン大学歴史研究所研究員
　1995 年　長崎県立大学教授，淑徳大学教授，日本大学教授を歴任。
　元日本大学経済学部教授，博士（経済学）（九州大学）

〔主要著書〕
　『会計学の基層』（単著）創成社
　『近代イギリス会計史研究－運河・鉄道会計史－』（単著）晃洋書房
　『鉄道会計発達史論』（単著）日本経済評論社（日本会計史学会賞）
　その他，著書・論文多数。

相川　奈美（あいかわ・なみ）〔担当：第 16 章〜第 19 章〕

　1975 年　長崎県に生まれる
　2004 年　九州産業大学大学院商学研究科博士後期課程満期退学。
　　　　　　愛知学泉大学専任講師，四天王寺大学専任講師を経て，
　現　在　名城大学経営学部准教授

〔主要著書〕
　『工業簿記の基礎テキスト』（編著）創成社
　『会計のリラティヴィゼーション』（編著）創成社
　『会計による経営管理』（編著）創成社
　その他，著書・論文多数。

野口　翔平（のぐち・しょうへい）〔担当：第 8 章〜第 10 章〕

　1988 年　埼玉県に生まれる
　2017 年　日本大学大学院経済学研究科博士後期課程修了
　　　　　　宮崎学園短期大学講師を経て，
　現　在　日本大学経済学部専任講師，博士（経済学）（日本大学）

〔主要著書〕
　『簿記のテキスト　基礎編』（編著）創成社
　「産業革命期を中心とする石炭産業会計の考察－単位当たり計算と割引現在価値－」
　　　『会計史学会年報』第 37 号
　「19 世紀初頭の石炭産業における原価会計－イギリス北東地域の記録をもとに　」
　　　『経営会計研究』第 23 巻第 1 号
　その他，著書・論文多数。

2009年7月30日　初 版 発 行
2013年3月30日　初版3刷発行
2014年4月15日　第 2 版 発 行
2020年10月10日　第2版6刷発行
2021年3月25日　第 3 版 発 行
2024年7月20日　第3版2刷発行　　　　　　　　略称：村田会計（3）

企業会計の基礎理論（第3版）

　　　　　　　　　　　　村　田　直　樹
　　著　者　ⓒ　　　　相　川　奈　美
　　　　　　　　　　　　野　口　翔　平

　　発行者　　　　中　島　豊　彦

発行所　同文舘出版株式会社
東京都千代田区神田神保町 1-41　　　　　〒101-0051
電話　営業　(03)3294-1801　編集　(03)3294-1803
振替　00100-8-42935　　https://www.dobunkan.co.jp

Printed in Japan 2021　　　　　　　　印刷・製本：萩原印刷
　　　　　　　　　　　　　　　　　　Cover Design：Othello

ISBN978-4-495-19293-8